名家画传系列

达·芬奇

DA FENQI

【西班牙】胡里奥·阿雷切亚 著

刘 闻 / 译

APGTIME 时代出版
时代出版传媒股份有限公司
安 徽 文 艺 出 版 社

图书在版编目(CIP)数据

达·芬奇/(西)胡里奥·阿雷切亚著;刘闻译.—合肥:安徽文艺出版社,2015.12
(名家画传)
书名原文:Leonardo
ISBN 978-7-5396-5500-0

Ⅰ.①达… Ⅱ.①胡… ②刘… Ⅲ.①达·芬奇(1452~1519)-传记-画册 Ⅳ.①K835.465.72-64

中国版本图书馆 CIP 数据核字(2015)第 189230 号

引进图书合同登记号:12151517
Leonardo

出 版 人:朱寒冬
责任编辑:韦 亚 宋晓津 装帧设计:徐 睿

出版发行:时代出版传媒股份有限公司 www.press-mart.com
安徽文艺出版社 www.awpub.com
地 址:合肥市翡翠路 1118 号 邮政编码:230071
营 销 部:(0551)63533889
印 制:安徽新华印刷股份有限公司 (0551)65859551

开本:710×1010 1/16 印张:13.5 字数:250 千字
版次:2015 年 12 月第 1 版 2015 年 12 月第 1 次印刷
定价:68.00 元(精装)

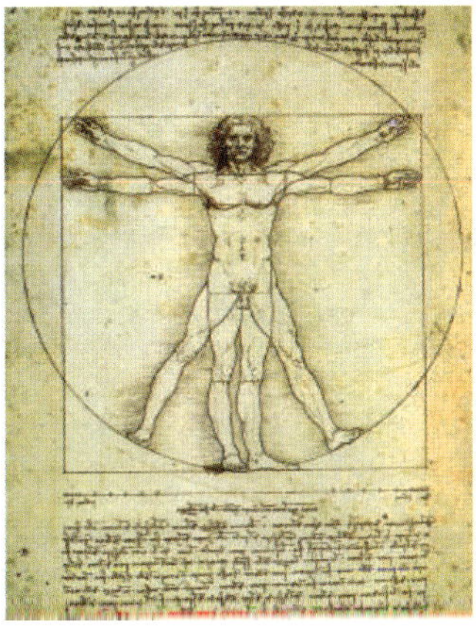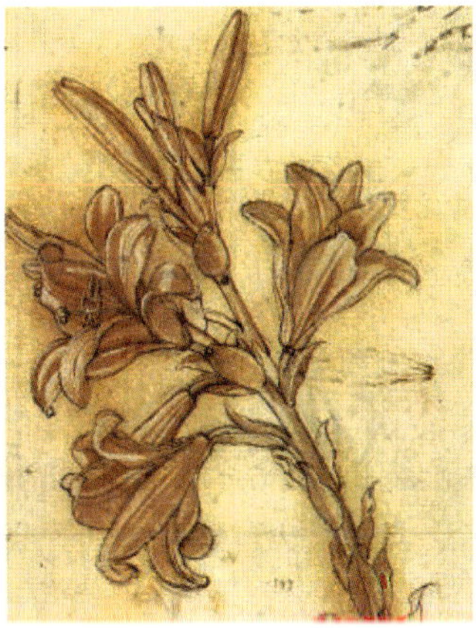

Content

列奥纳多生平

列奥纳多的魅力恐怕就在于他那无与伦比的伟岸人格和包罗万象的才能。他是画家、建筑学家、机械学家、科学家、自然研究学者、绘画理论家、地质学家以及物理学家。他那充沛的想象力当然会在其绘画作品中得以体现，当然其中也有数百件画满了奇思妙想的草图，充分展示了他对所有科学门类超前的洞察力。最终，这些科学门类殊途同归，归纳为对生命的观察，并通过绘画艺术获得和谐与平静。

也许德国伟大诗人歌德与为数不多的人，都凭直觉意识到了这位艺术家的伟大，正如他在散文集《意大利游记》中所述："列奥纳多与芸芸众生相比，他就是一个理想典范。"

韦罗基奥的工作室

列奥纳多1452年出生在意大利芬奇镇。他的父亲塞尔·皮耶罗出生于当地公证人世家，母亲叫卡塔利娜。他出生后不久，母亲就嫁给了一个农民。据说，列奥纳多一直住在爷爷家，那里还生活着他的父亲及其第一任妻子（她不是列奥纳多的母亲），她很快就去世了，没有留下子嗣。1465年前后，塞尔·皮耶罗第二次结婚后，便举家迁往佛罗伦萨。毫无疑问，在列奥纳多眼中这座城市看起来非常迷人，当时它正处于鼎盛时期。这座城市由梅迪奇家族统治。就在几年前，布鲁内莱斯基刚刚设计并修建了高耸入云的大教堂，它成为这座城市一道最美丽的风景。

拉斐尔
《雅典学院》（局部）
柏拉图（以列奥纳多为原型）
1510~1511年，壁画，梵蒂冈

佚名
《列奥纳多肖像画》
红铅笔画，33.3 × 21.3 cm
皇家图书馆，都灵

洛伦佐·迪·克雷迪

《安德列·韦罗基奥》
约 1485 年
木板油画，51 × 37 cm
乌菲齐美术馆，佛罗伦萨

很快列奥纳多在绘画方面令人称奇的天赋便显现出来。至少瓦萨里（意大利建筑学家及画家，曾在列奥纳多去世后几年为其立传）曾记述，塞尔·皮耶罗发现了儿子的才能后，便将他的一些画拿给城里的几位画师看。安德莉亚·德尔·韦罗基奥看了年轻人的画感到非常吃惊，随即建议塞尔·皮耶罗好好培养他。列奥纳多于是进入韦罗基奥的工作室，并一直干到 1478 年。早在 1472 年，列奥纳多就被吸纳为画家行业公会以及圣卢卡斯公司的成员。1473 年，他早期最著名的作品之一《托斯卡纳的风景》诞生。

评论界发现列奥纳多初次崭露头角，是他参与创作了那幅韦罗基奥工作室承接的名画《基督受洗》（约 1475 年）。评论界一致认为列奥纳多绘制了这幅画左下角的天使以及作为背景的风景。基督那刻板僵硬的形象与天使形象的反差足以说明这一观点，这不仅是因为后者被描绘得柔美而高贵，或是因为其色调明快的卷发、脸庞和长衫，更是因为他们不同的布局方式及空间定位。事实上，天使的腿、长衫以及头部均被张冠李戴，与另一个天使交错在一起，相互比较——著名的列奥纳多自画像——那可爱的天使形象非常自然，空间感极强。为了庆祝绘画史上这样一幅作品的诞生，瓦萨里在他的传记中虚构了这样一件事，他写道：这幅作品完成后韦罗基奥觉得很没面子，因为一个年轻人居然比他懂得多，“……我不想再碰画笔了”。尽管有证据怀疑这一说法的可靠性，不过的确从那个时候起韦罗基奥将所有创作精力转向雕塑。

自此之后，神话便与列奥纳多如影随形。他的绘画天赋超凡脱俗，以至于他可以利用绘画开玩笑。一则有关护胸盾（一种盾牌）的故事让他声名鹊起。

佚名
《佛罗伦萨》
1472年
佛罗伦萨博物馆

当地一位农夫将一面护胸盾交给他的父亲塞尔·皮耶罗，请他帮忙带去佛罗伦萨找人画上图案。父亲将这面护胸盾交给列奥纳多，让他在上面随便画点什么。列奥纳多于是决定画个恐怖的图案，为此他将蜥蜴、壁虎、蝴蝶、猫头鹰和其他一些动物关进一个房间。随后，他将这些动物的形象适当加以融合，绘制出一个非常恐怖的恶魔，恐怖到“它的呼吸甚至会毒害空气”。一天早晨，塞尔·皮耶罗想去看看那盾牌。一开门，盾牌上的图案吓了他一跳，他简直不敢相信那不过是一幅画而已。列奥纳多拉住爸爸，对他说：“这样的画才符合盾牌的作用，所以给你，把它拿走吧，这就是我要达到的效果。”依旧是瓦萨里记录了这段趣闻。这个故事让人们联想起十五、十六世纪广为流传的类似故事，其中描述了体现希腊画家宙克西斯和帕拉修高超的模仿能力和想象力的逸事，由蒲林尼奥收集整理。

《托斯卡纳的风景》
1473年
原图为铅笔画
抹去部分用羽毛笔和墨水修复
19 × 28.5 cm
乌菲齐美术馆，佛罗伦萨

安德列·韦罗基奥

《基督受洗》

木板丹佩拉画，177 × 151 cm

乌菲齐美术馆，佛罗伦萨

在这一时期，韦罗基奥画室为梅迪奇家族做了大量的工作。1469 年到 1471年间他们负责洛伦佐聚会的布置工作，当时为迎接米兰大公加莱亚佐·马里亚·斯福尔扎的到来举行了大量的庆祝活动。大师这一时期的一些作品失传了，其中包括：一扇绘制着亚当与夏娃的大门门板、刚才提到的那面护胸盾、被称为《凉水瓶圣母》的画作、为卢浮宫和乌菲齐家族画的几幅《受胎告知》图，还有《海神尼普顿》的草图——它让维尔吉利奥的《埃内达史诗》出了名。列奥纳多一直与显赫的梅迪奇家族保持着良好的关系。数年后，梅迪奇家族的一员成为利奥十世罗马教皇，随即将他招入罗马负责清理教皇的海边沼泽地。不过，也许是因为不懂拉丁文和那些古典文献，也许是因为潜心绘画，列奥纳多好像与新柏拉图学会很疏远。这个学会是佛罗伦萨人文学界的核心组织，由洛伦佐·美第奇、马尔西利奥·菲奇诺和皮科·德拉米兰朵拉领导。不过，尽管列奥纳多和他们并不经常来往，但这些人文学者却知道他的名气和作品。

他们当中的一位，乌戈利诺·迪韦里诺曾为当时有名的画家谱写一首赞

安德列·韦罗基奥 《洛伦佐·美第奇》

1480年，赤陶像

美国国家艺术馆，华盛顿

《吉内芙拉·本奇》
约 1478 年
木板油画，38 × 36.7 cm
美国国家艺术馆，华盛顿

美诗，其中就有列奥纳多的名字。学会中的另一位作家内西，也对列奥纳多给予了高度的赞誉。

列奥纳多本人在《亚特兰蒂斯抄本》中向我们提供了他在这一时期经常交往的几位朋友的情况。透过他，我们知道他与当时佛罗伦萨的音乐家以及托斯卡纳几位学者之间密切的联系，比如贝内代托·德尔阿巴科、卡洛·马尔莫奇和著名的托斯卡内利。与这几位佛罗伦萨科学家的密切来往或许可以解释列奥纳多对科学的浓厚兴趣，尽管这也有可能只是全球艺术家的一种倾向，为反映复杂的客观世界而需要综合各种知识。

同样有证据显示，列奥纳多与显赫的鲁切拉伊家族和本奇家族也有交往。1478 年前后，他绘制了《吉内芙拉·本奇》肖像，也就是著名的《欧洲刺柏夫人像》，画中的女主人公在一丛浓密的欧洲刺柏灌木丛前，刺柏的谐音隐喻了她的名字。这幅人物肖像完美地定义了列奥纳多早期的绘画风格，同时也推进了佛罗伦萨肖像画的发展，而集大成者便是日后他的名画《蒙娜丽莎》（又名《焦孔达夫人》）。这种风格最早可以追溯到《基督受洗》中那个著名的天使形象，以及 1473 年的另一幅名画《受胎告知》。作品中神秘的风景氛围、精致的布料及人物表情都在告诉我们，列奥纳多试图弱化韦罗基奥传统的以岩石为背景的自然主义风格。这一时期他还创作了《伯努斯圣母》《康乃馨圣母》和《石榴圣母》，其创作灵感均来自佛兰德自然主义的人种类型学。不过，无论是这几幅宗教作品还是《受胎告知》图，在空间处理上都没有更多建树。尤其是在最后这幅作品中，独特的透视画法与写实画法并没有完美地融合在一起。了解这些不足之处并将之总结“融会贯通”，对阿尔贝蒂等学者来说是一个巨

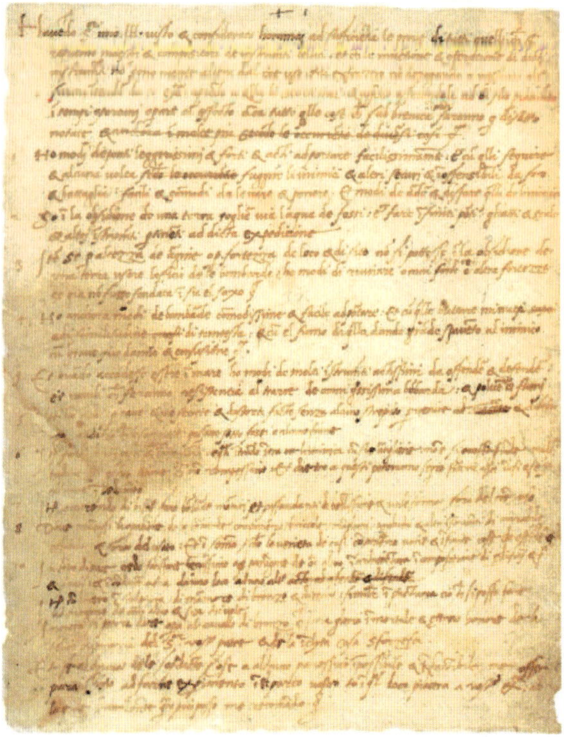

大的挑战，这其中当然也包括列奥纳多。他的绘画技法在1480年到1481年间创作的两幅作品中趋于成熟，它们是《圣哲罗姆》和《三博士来朝》。

然而，1482年画家迁居米兰，为斯福尔扎家族效力。到底出于什么原因他会离开声名显赫的工作室，抛弃那些重要的头衔呢？根据马利亚贝基诺和瓦萨里的记述，列奥纳多正是被洛伦佐·美第奇派往米兰的，为公爵送去一枚“马头形状的银里拉（意大利货币）”，这是列奥纳多亲自铸造的。还有一种更大的可能性是洛伦佐派他去铸造一尊弗朗切斯科·斯福尔扎的骑马雕像。不过，也有人说真正的原因是他与洛伦佐关系恶化，与一些人文学者团体发生冲突并陷入敌对状态，或是在1476年因鸡奸行为被辞退。无论出于上述哪种原因，列奥纳多想逃离佛罗伦萨的愿望都体现在1481年他写给卢德维科·斯福尔扎的那封著名的信中，他提出愿意为米兰宫廷效力，并列举了自己在科学、技术以及艺术领域的知识。

《洛伦佐·美第奇肖像》

《亚特兰蒂斯抄本》，1483~1485年

温莎藏品，伦敦

博尼法乔·本博
《弗朗切斯科·斯福尔扎肖像》
1460年，木板丹佩拉画，40 × 31 cm
布雷拉宫美术馆，米兰

皮耶罗·波拉约洛
《加莱亚佐·马里亚·斯福尔扎肖像》
1471年，木板油画，65 × 42 cm
乌菲齐美术馆，佛罗伦萨

斯福尔扎家族

也许绰号“摩尔人”的卢德维科·斯福尔扎，才是能让列奥纳多施展才华的最佳人选。毫无疑问，他将列奥纳多请来的主要目的是为他的父亲弗朗切斯科·斯福尔扎塑造一尊骑马塑像。列奥纳多1482年到达米兰的时候，“摩尔人”的宫廷是欧洲最显赫的宫廷之一。

卢德维科及其朝野上下，都异常热衷于各种聚会，因此在米兰也聚集了形形色色的艺术家：歌唱家、舞蹈家、小丑以及聚会策划人。其中列奥纳多负责设计聚会所需的各种机械，搭建临时建筑。1488年，为了庆祝“摩尔人”卢德维科的外甥吉安·加莱亚佐与那不勒斯国王的女儿伊莎贝尔·德阿拉贡的婚礼，他在焦维亚门城堡建造了一个“绿色的门廊”（用各种植物搭建而成），全米兰都认为这是一座不可思议的建筑。1490年，他设计了自己最有名的舞台“天堂”，在这个模拟的舞台上保留了贝尔纳多·贝林乔尼宫廷的诗歌剧本。

佚名
《理想之城》
(又被称为《乌尔比诺木版画》)
马尔凯国家画廊,乌尔比诺

半个内部被涂成金色的球体代表天空,七颗行星安放在代表黄道带的符号下一些旋转的壁龛中。这些行星由一些演员扮演,他们高唱赞歌歌颂米兰女公爵伊莎贝尔的丰功伟绩。1491年,列奥纳多为“摩尔人”卢德维科与比阿特丽斯·德埃斯特的婚礼聚会做了另一个有趣的设计。一队衣着粗陋的西徐亚人和鞑靼人,紧随一位骑着高头大马的骑士出场,他身穿嵌有黄金鳞片的长袍,双眼化着浓妆。这一队人载歌载舞。

在为“摩尔人”卢德维科效力期间,列奥纳多涉猎十分广泛,比如城市防御,修造运河或者纯理论性的问题他都感兴趣。在提契诺河畔建设一座新城,扩大维杰瓦诺城的计划恐怕与1485年发生的那场瘟疫有关,当时五万人在那场灾难中丧生。《亚特兰蒂斯抄本》(列奥纳多的手稿之一)中的一章记录了这位大艺术家建立一座理想城市的目标,他的建筑梦想以及文艺复兴的最初蓝本,看来他借用了希腊建筑学家伊波达莫·德米莱托有关城市布局的理念。

作为阿尔贝蒂理论最好的继承人,他认为城市应该是一个政治与社会的集合体,而不单纯只是一组建筑。他设计了双层道路,上层道路可以作为人行道自由通行,下层道路可以作为车道直通各家各户。这些路应该很宽,“与房子的高度相同”,路边配有一个凹槽引流污水。城市中楼房及建筑的布局应当遵循空间几何划分原则,这一理念影响到了文艺复兴时期的所有建筑。1498年前后,为抵御法国人的入侵,他为热那亚设计了城市防御系统,而他在米兰期间则一直忙着设计航运和灌溉系统,同时还进一步完善了当地的纺织工业。

尽管列奥纳多参与了广泛的社会活动,还为“摩尔人”卢德维科和比阿特丽斯·德埃斯特组织的聚会做了大量的设计,他在米兰期间还是显得有些孤立。

弗朗切斯科·斯福尔扎的纪念碑

列奥纳多众多的工作中，最重要的一项便是为卢德维科的父亲弗朗切斯科铸造一尊纪念性的骑马雕像。列奥纳多按照实际比例用石膏铸造的模型几年间在米兰城堡中一直备受赞誉，直到1499年部分模型被入侵的法国士兵损毁。随后，这个模型被运到费拉拉宫廷，在那里被彻底粉碎。当然，列奥纳多还是创作了迄今为止一个看似无法完成的雕塑：这尊骑马像中马的前蹄抬起，踏在一个倒地敌人的身上，最初的草图就是这样设计的。

《斯福尔扎家族纪念碑习作》
用金属笔画在蓝色纸上
15.2 × 18.8 cm
温莎藏品，伦敦

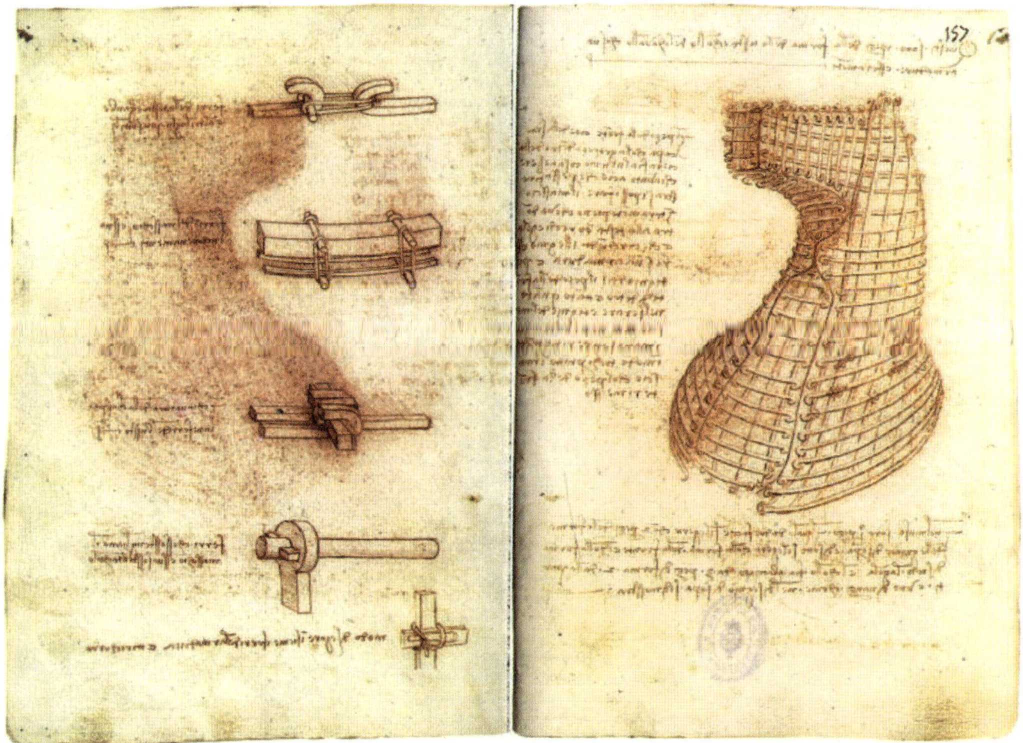

《马头的铸造系统》
红色墨水，22 × 30 cm
国家图书馆，马德里

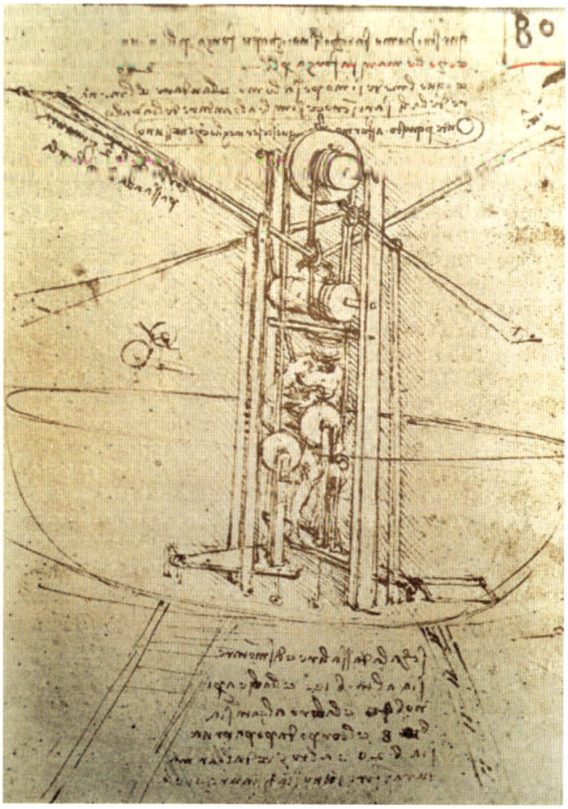

《飞行器》
1487年
用金属炭笔，纸上羽毛笔素描
23.5 × 17.6 cm
法国学院图书馆，巴黎

可是，用青铜来铸造体积如此之大的雕像实在是太复杂了。列奥纳多着手这一工作后，改变了设计图，雕像的体积急剧增大。从 1490 年起，列奥纳多开始铸造雕像的模型。据说模型 1493 年就已经基本完成了。然而，由于雕像的体积激增，根据“温莎藏品中的一些草图”所示，列奥纳多采取了一种更为合理的设计，即三只马蹄着地来支撑整座雕像。1494 年，他发现了铸造这尊雕像的问题，而当时发生的一场战争则让铸造工作雪上加霜。

法国国王卡洛斯八世的军队入侵意大利，原本用来铸造雕像的七十吨铜被送到了费拉拉的公爵埃尔科莱·德埃斯特那里用来铸造大炮。

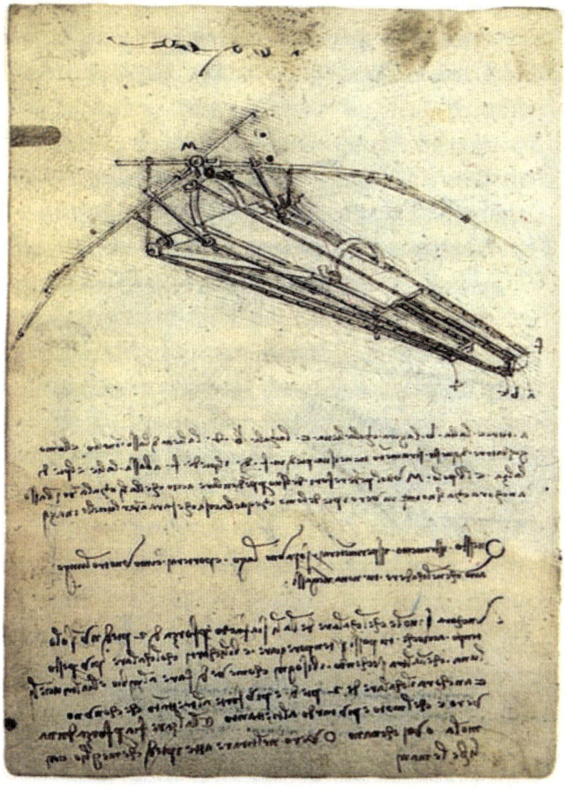

《飞行器设计图》
约 1488 年
法国学院图书馆，巴黎

雅各·德巴尔巴里
《卢卡·帕乔利》
1495年
卡波迪蒙特博物馆
那不勒斯

尽管与公爵的关系有些紧张，但是在米兰期间，由于远离佛罗伦萨那个圈子，他还是度过了一段非常快乐的时光，尤其是在帕维亚大学里，他阅读了维泰洛内的《透视法》以及罗伯托·瓦尔图里所著的《罗马军制论》。帕维亚当时正处于各种知识流派激烈辩论的时期。从这时起列奥纳多开始对地质学表现出浓厚的兴趣，而且，通过与卡尔达诺和帕乔利等一些学者的辩论，他做了大量有关贝壳化石研究的笔记。也正是从这时起，他开始了一系列的研究，比如面相研究、流体力学研究、光学研究，当然还有很多与工程学有关的研究，这些都是他对自然科学研究的成果。其中著名的飞行器，如果不是对鸟类飞行进行了深入的研究，是不可能有这种奇思妙想的，它的草图最早是1485年前后在米兰开始绘制的。这些设计图纸中，绘制了复杂的机械装置，依靠人自身提供的驱动力使飞行器具备推动力和提升力，这就是他设计的著名的“螺旋飞行器”，也是直升机的鼻祖。

在米兰期间，他与数学家帕乔利保持着深厚的友谊，他们经常就数学及艺术方面的话题展开广泛的讨论。对于列奥纳多来说，数学问题其实也关乎美学问题，帕乔利一直试图将之系统化的黄金分割比例在建筑领域也至关重要。

列奥纳多对科学的探究均源自他对绘画的至臻完美孜孜不倦的追求。早在佛罗伦萨期间，他就已经意识到想获得准确而真实的绘画效果，必须对大自然进行详尽的研究，这同时也意味着大量的科学实验。当然，米兰的艺术氛围绝对是一流的。其中最突出的是安布罗焦和埃万杰利斯塔·德普雷迪斯兄弟，哥哥曾被任命为斯福尔扎家族的画师。列奥纳多来到米兰后，他们极力接近这位来自佛罗伦萨的天才以提升自己的名气和影响。

他们三人于1483年与米兰圣法兰西斯科格兰德大教堂下属的贞净教友会，签订了一份颇具争议的合约，由此出现了两个版本的《岩间圣母》（分别保存在巴黎和伦敦）。合约规定画家们要绘制三幅作品：中间一幅，上部为圆形，应该绘制圣母和圣婴，他们周围是一群天使和两位先知；旁边的两幅，应为长方形，各有四个天使。但是在索要酬金的时候却困难重重，因为德普雷迪斯兄弟和列奥纳多在1493年提出他们绘制这些画的费用已经远远超过了贞净教友会所支付的酬金，他们要求重新签一份合约。这几幅画作的官司，很久以后才做出了有利于几位画家的判决。《岩间圣母》则成为文艺复兴时期的巅峰之作，从画面的平衡感、人物安详的表情以及空间布局，可以看出画家醉心于对光线和自然的研究，对大地上繁衍的生命非常着迷。

不过，毫无疑问，在米兰期间列奥纳多最主要的作品，就是绘制在圣玛利亚感恩教堂饭厅北面墙壁上的巨型胶画《最后的晚餐》。

《岩间圣母》
1495~1508年
木板油画，189.5 × 120 cm
国家画廊，伦敦

《最后的晚餐》
1496~1497 年
用蛋彩和油彩画在石膏上
260 × 880 cm
圣玛利亚感恩教堂，米兰

在这座教堂中，“摩尔人” 卢德维科修建了自己的小礼拜堂及家族墓地。教堂的大祭坛于 1492 年由布拉曼特重新翻修过。列奥纳多花了三年时间准备并完成了这幅作品。节奏清晰，讨论场景简单明了，写实主义的表现手法，让这幅作品成为同类题材中真正的 “圣像”。我们都知道，这幅作品逐步修改的痕迹通过技术处理变得模糊不清，在两层衬底上画家用油彩与蛋彩混合的颜料作画，这和画在木板上的感觉一样。列奥纳多不喜欢画壁画，因为在湿石灰上作画需要快速做出决定，而他又不喜欢这么匆忙下笔。但是问题很快就出现了，由于当地气候多变、潮湿等原因，壁画的部分色彩剥落，于是在此后的十六和十七世纪人们不得不一次次地对其进行修复。

不久后，卢德维科宫廷遇到了严重的危机。1498 年 4 月法国国王卡洛斯八世去世后，“摩尔人” 卢德维科最大的敌人奥尔良公爵登上了法国王位，他就是路易十二。作为维斯孔蒂家族的后裔，很快他便宣称要收回米兰公国，并于 1499 年发动了战争直至最终吞并了米兰。1499 年 12 月，列奥纳多与帕乔利一起离开米兰，住到了好友梅尔齐家的庄园，并在那里认识了主人的儿子，年轻的弗朗切斯科，日后他继承了列奥纳多的手稿。列奥纳多怀着悲伤的心情离开了伦巴第，他曾在那里潜心科学研究并画出了他最重要的作品。那里的风景一次又一次地出现在他的画作中，比如他的名作《焦孔达夫人》，又被称为《蒙娜丽莎》。

洛伦佐·科斯塔
《伊莎贝尔·德埃斯特》
约 1505 年
画布油画
164 × 197 cm
卢浮宫，巴黎

梅迪奇家族的遗产

据说，《最后的晚餐》给法国国王路易十二留下了深刻的印象，同样他手下的一名将军吉安·贾科莫·特里武尔齐奥看到弗朗切斯科·斯福尔扎的骑马像后也倍感震惊。事实上，法国国王后来委托画家以圣安娜、圣母、圣婴以及施洗圣约翰为题作画，这幅画的草稿保存至今。国王的青睐为他打开了日后通往法国的道路。与此同时，卢德维科曾一度夺回了城市，但随后又再次被推翻并被押解到法国。列奥纳多一些亲密的朋友，如建筑学家贾科莫·安德莉亚·德费拉拉被特里武尔齐奥绞死并肢解。1500 年初，帕乔利和列奥纳多启程去威尼斯。他们先到了曼图亚，投奔伊莎贝尔·德埃斯特，她是“摩尔人”卢德维科的妻子比阿特丽斯·德埃斯特的妹妹，她是一位慷慨的艺术品收藏家。待在曼图亚短暂的日子里，他为伊莎贝尔画了一幅作品，草稿目前保存在卢浮宫，钻孔后被转移保存到画布上。

无论如何，1500 年 4 月列奥纳多再次回到佛罗伦萨。根据瓦萨里的记载，得知塞尔维塔斯兄弟准备请菲利皮诺·利比为圣母领报大祭坛绘制一幅装饰画，列奥纳多告诉兄弟俩：“……我本人很愿意承担这份工作。”于是，利比退出，将绘制祭坛画的工作交给了列奥纳多。为方便作画，他住进了修道院。经过漫长的等待，人们终于看到了这幅作品的草图，上面画有圣母、圣安娜和耶稣，精美绝伦的画面不仅让画家们赞叹不已，而且“画作完成后，城里的男女老少在两天时间里都聚集到修道院去参观这幅作品，那场面简直像过节”。

如此盛况空前可以说明两件事：首先，列奥纳多的画因写实主义且充满活力而让人倍感“惊讶”；其次，与其科学创造相比，佛罗伦萨的民众似乎对列奥纳多的艺术成就更感兴趣。

然而，佛罗伦萨已经不是梅迪奇家族统治下那座伟大的艺术之城了。列奥纳多凭直觉预感到文艺复兴的鼎盛时期已经过去。被称为“伟人”的洛伦佐·美第奇于 1492 年去世，意大利被法国人占领，人民揭竿而起。意大利的人文学者或遭杀戮或被排斥，他们怀疑自己的思想立场，但又不愿意投身萨伏那洛拉的宗教狂热。这位宗教改革者于是开始在下层人民中扩大影响力。洛伦佐的儿子皮耶罗宣称自己无法抵御法国军队，于是他被萨伏那洛拉取而代之，而后者则一直倡导罢免前者。萨伏那洛拉被任命为驻法国的大使。由于在法王面前的活跃表现，他最终登上了佛罗伦萨公国权力的顶峰，统治该公国长达四年之久。萨伏那洛拉后来受到敌对政党和修士们的追杀，于 1498 年被活活烧死。

他的死极大地震动了佛罗伦萨的很多艺术家，不过列奥纳多却在思考其他的事情，看来修士被烧死这件事并没有在他的心里留下过多的烙印。事实上，1501 年伊莎贝尔·德埃斯特还在坚持请列奥纳多为其作画，这是他在曼图亚期间曾经应允的事情。同年 3 月，伊莎贝尔亲自写信给彼得罗·德诺韦拉拉修士，请他劝说列奥纳多回到曼图亚。

米开朗基罗
《洛伦佐·美第奇》
1524~1527 年
大理石，高 178 cm
梅迪奇礼拜堂，圣洛伦佐教堂，佛罗伦萨

佚名
《萨伏那洛拉被执行火刑》
1498年

彼得罗修士很快回了信，对列奥纳多这一时期的活动做了重要的描述："至于说到列奥纳多的生活，那真是丰富多彩，我觉得他整天忙于各种时尚活动。到佛罗伦萨以后，他只画过一幅耶稣圣婴图。除了给助手们的画作偶尔涂上两笔他几乎无所事事。他把精力都花在了研究几何问题上，对绘画失去了耐心。"

凯萨·博尔贾

1502年，意大利半岛的平衡再次被打破。政治舞台上出现了一颗新星——凯萨·博尔贾，他是教皇亚历山大六世的儿子，教皇军队的统帅并野心勃勃打算吞并其他敌对的公国。这是一位赫赫有名的人物：十六世纪初意大利最有权力的王子。列奥纳多大概是在1499年认识了凯萨·博尔贾，当时凯萨·博尔贾正随同法王路易十二征服米兰。1502年，他紧急派人召见列奥纳多，委托他负责修建石阶、运河，一些工程的修复工作和其他的工程。8月初列奥纳多在切塞纳。8月18日，已经移居帕维亚的凯萨·博尔贾为拜见路易十二，签署了这样一道命令："通告我们所有的庄园主、城堡主、军队统领、官员及相关人等，我命令所有地方给予我们最亲爱的工程师列奥纳多·达·芬奇通行之便利。我已委托他巡视各城邦的要塞及防御工事，并对其进行必要的整修加固。需热情款待他和他的助手们，按其意愿为检查、测量及整修工程提供一切便利。"

1502年春、夏两季列奥纳多的行程，给人留下了深刻的印象：乌尔比诺—佩萨罗—里米尼—拉韦纳。5月末他已经到了皮耷比诺，着手清理沼泽地带。6月，凯萨·博尔贾手下的维塔罗佐·维泰利将军召他帮忙平息阿雷佐对他的故乡佛罗伦萨发起的叛乱进攻。当时，他正在切塞纳城设计一个直通切塞纳提科港的通航大运河。这一时期，列奥纳多在乌尔比诺见到了尼古拉斯·马基雅维里，他是佛罗伦萨派来的特使。此后，两人一直保持着亲密的友谊。

列奥纳多继续他的旅行，途经卡撒诺瓦、丘西，重新回到皮耷比诺，面对厄尔巴岛，他研究潮汐运动，并试图破解海浪撞击海滩的规律。不过这一时期他的主要工作是绘制了一批意大利中部地区的精美地图。然而，1503年发生的不幸事件彻底改变了凯萨·博尔贾的命运。他的父亲教皇亚历山大六世去世，很快各公国及教堂开始驱逐他，回到西班牙后不久他便去世了。

圣迪·迪·蒂托
《尼古拉斯·马基雅维利》
画布油画
韦奇奥宫，佛罗伦萨

阿尔托贝利·梅洛内
《凯萨·博尔贾肖像》
木板油画，58.1 × 48.2 cm
卡拉拉学院，贝加莫

《焦孔达夫人》(《蒙娜丽莎》)
1505年
木板油画，77 × 53 cm
卢浮宫，巴黎

佛罗伦萨时期的作品

1503年，列奥纳多重新回到佛罗伦萨，并在那里绘制了《圣安娜与圣母子》(目前保存在卢浮宫)，而这幅作品精美的草图则成为大英博物馆的镇馆之宝，其中还绘有圣约翰的形象。很有可能画家在同一年创作了《蒙娜丽莎》，她是安东·马里亚·德诺尔多·盖拉尔迪尼的女儿，生于1479年。1491年她嫁给了弗朗切斯科·德巴特罗梅·德扎诺比·德尔焦孔达。瓦萨里曾暗示，画家花了四年时间才完成了这幅作品，这是他绘画才能最好的证明。这幅画像集中体现了画家对风景及光影问题的深刻探究，列奥纳多试图赋予这幅伟大的佛罗伦萨作品以生命。《蒙娜丽莎》当然很快对佛罗伦萨的肖像画产生了巨大的影响。拉斐尔及同时代的画家都承认这是一幅无与伦比的杰作。列奥纳多一定是将自己收藏的这幅作品转让给了法国国王，因为1550年这幅画已经在枫丹白露宫了。很快这幅画被转运到凡尔赛宫，法国大革命以后，又被转移到卢浮宫。

1503年，共和国委派给列奥纳多一项非常重要的任务：他要创作一幅壁画，来表现菲利浦·马里亚·维斯孔蒂手下的军队指挥官尼科洛·皮奇尼诺被佛罗伦萨人民和教皇军队联手打败，望风而逃的场面。这场战役1440年6月29日发生在阿雷佐附近的安吉亚里。这幅壁画是为了纪念佛罗伦萨共和国创建的历史，应该绘制在《卡希纳之战》壁画旁，这是佛罗伦萨和比萨战争中的一场战役，这组壁画由当时年轻气盛的米盖尔·安赫尔创作完成。列奥纳多于1505年完成了壁画的草图，随后他搭起脚手架开始壁画创作，瓦萨里称之为工程学的杰作。

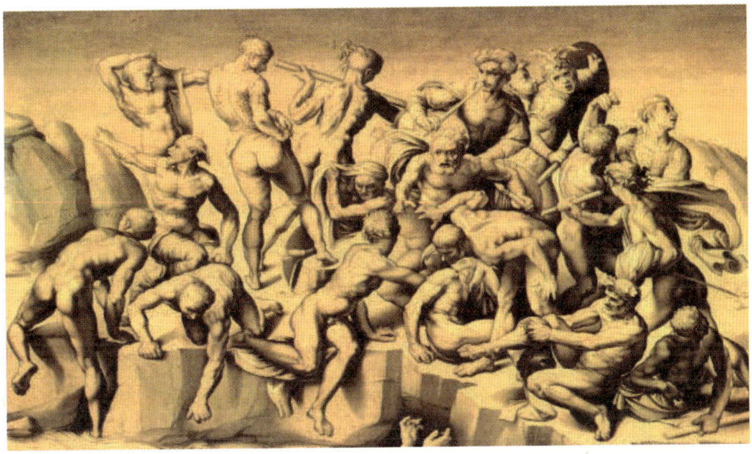

阿里斯托泰莱·德·圣加洛
《米开朗基罗创作的〈卡希纳之战〉壁画的草图摹本》
(1504 年),约 1542 年
单色画,76.4 × 130.2 cm
霍尔汉姆府
莱斯特伯爵收藏

列奥纳多开始绘制壁画,这次他打算听从蒲林尼奥的建议,壁画完成后立刻刷上一层大白灰浆,然后通过加热使其凝固,第一次试验的效果令人满意。可是后来的结果却非常糟糕,名不见经传的加迪亚诺记述道:“……壁画下半部分,火焰能够企及的地方,达到了预期的效果,可是上半部分由于距离太远,火焰的热度无法达到,灰浆全部滴落下来。”这幅作品展出了很长时间,受到了佛罗伦萨市民的广泛赞誉,1549 年连多尼也建议人们去参观。这些绘画草图以及各种各样的临摹版本,其中最著名的是鲁本斯的摹本,向我们揭示了列奥纳多的核心意图——绘制一幅充满动感和能量的壁画史诗。

正如彼得罗·德诺韦拉拉修士所说,列奥纳多一直对科学研究十分着迷。佛罗伦萨共和国秘书、旗手索代里尼的朋友马基维罗,与列奥纳多积极合作完成了这位艺术大师最天才的设计。列奥纳多一生中对治水非常感兴趣,众所周知,他在米兰为维杰瓦诺、伊夫雷亚和米兰这几座城市设计运河系统。

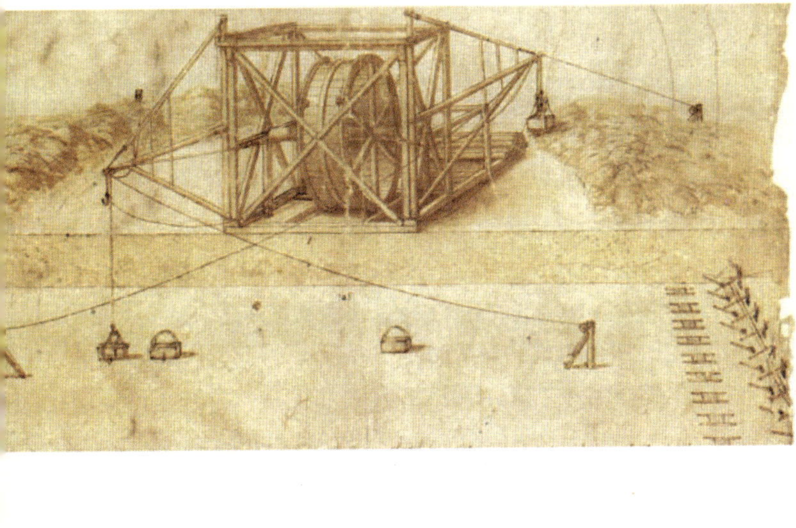

《传统运河挖掘机研究草图》
(《亚特兰蒂斯抄本》第 3 页)
约 1503 年
安布洛其亚图书馆
米兰

这些设计都是为了打赢那场佛罗伦萨与比萨之间的可怕战争：该运河系统将会切断阿尔诺到比萨的水路，将河流改道，同时又能让佛罗伦萨获得一条直通大海的航运水路。这项计划无法实施，但其设计规划及挖掘机草图保存至今。

在佛罗伦萨期间，列奥纳多还潜心于解剖学研究。当时，列奥纳多已经几次与马尔科·安东尼奥·德拉托雷合作解剖尸体。他本人曾解剖过牛，并将研究成果应用于人体，但结果往往是错误的。事实上，1507年发生的一件事最终让他们决定共同研究人体解剖。那是解剖一名老人的尸体，列奥纳多本人记录了事情的经过：“临死前的几个小时，老人告诉我他有一百岁了，除了有些虚弱，他的身体没有任何不适。他住进了佛罗伦萨新圣玛丽亚医院后不久，就安详地死去了，没有任何不好的征兆。我对他进行了尸体解剖，希望查出他寿终正寝的原因。由于缺少脂肪和体液这些阻碍我了解人体构造的东西，这次解剖我做得很快，也很容易。”这次解剖成为他日后研究工作的试金石，后来他又做了差不多三十例人体解剖。这样，他逐步研究了人体各个器官：视觉器官、血液循环、心脏、肾脏，绘制了1500多幅器官构造图。

也是在佛罗伦萨，他又重新开始了对飞行的研究。

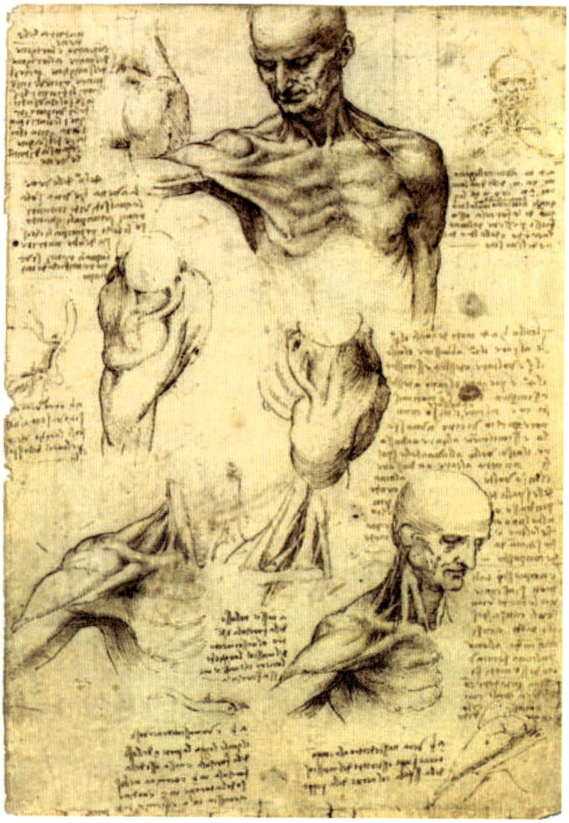

《颈部与背部的表层肌肉图》
约1510年
纸上黑色铅笔和羽毛笔素描
29.2 × 19.9 cm
温莎藏品，伦敦

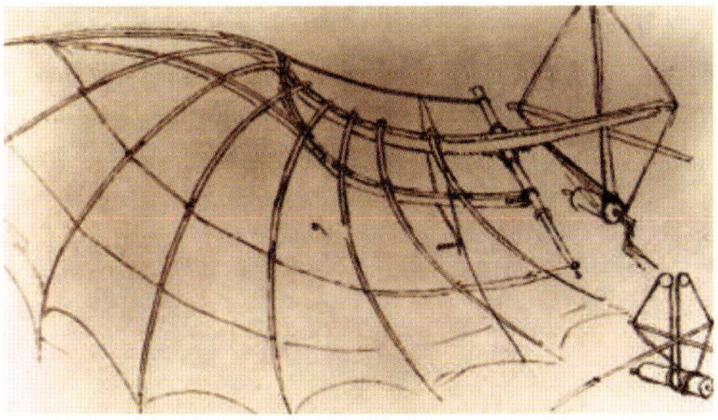

《摇把扑翼飞行装置》
《亚特兰蒂斯抄本》第 313 页
安布洛其亚图书馆，米兰

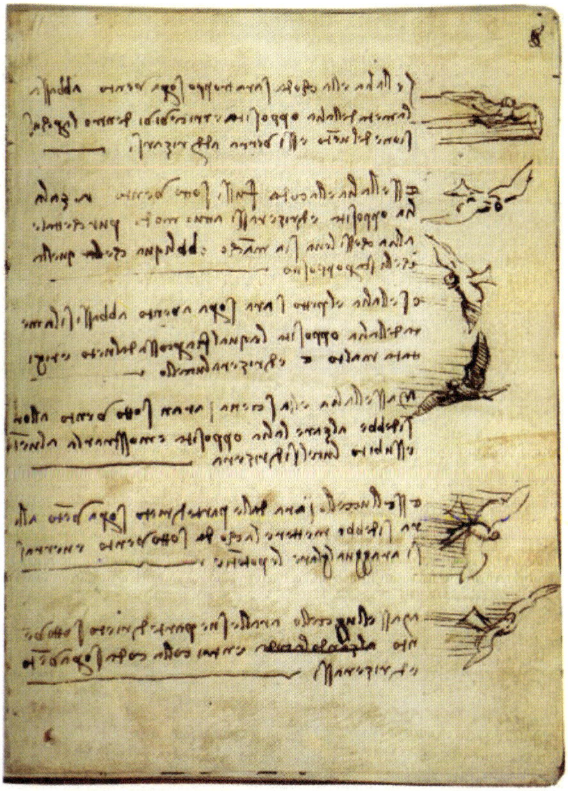

《鸟类飞行专著》第 8 页
皇家图书馆，都灵

在米兰他曾经研究过鸟类，他设计的飞行器试图通过复杂的机械装置，依靠飞行员自身的运动扇动两翼飞翔。经过长期的观察，1503 年列奥纳多发现只有体型较小的鸟类才会不停地扇动翅膀，而体型中等的鸟或者大型猛禽却不受气流的影响，它们的翅膀只在修正或者确定飞翔路线的时候才会扇动。于是，列奥纳多改变了机翼的设计，机翼前端是可以活动的，后部则是固定的。经过他不懈的研究，飞行器的设计不但趋于简化，同时也有了质的飞跃，这一点不仅体现在机械方面，更体现在设计理念上。最初单纯“模仿自然”的想法，最终变成了一个全新的创造，二者只是在飞行原理上相似。

1506 年 7 月，经共和国批准，应查理·安布瓦兹之邀，列奥纳多在米兰待了三个月。安布瓦兹是塔罗纳河畔肖蒙的领主，并代表路易十二统治米兰。规定的期限已过，索代里尼要求他回到佛罗伦萨完成已经开始的工作。列奥纳多摆起了架子，于是安布瓦兹亲自写信给佛罗伦萨方面，信中提及了大师工作的重要性及其作品完美的质量。1507 年 5 月，他重新回到佛罗伦萨，住在雕塑家焦万·弗朗切斯科·鲁斯蒂奇家。

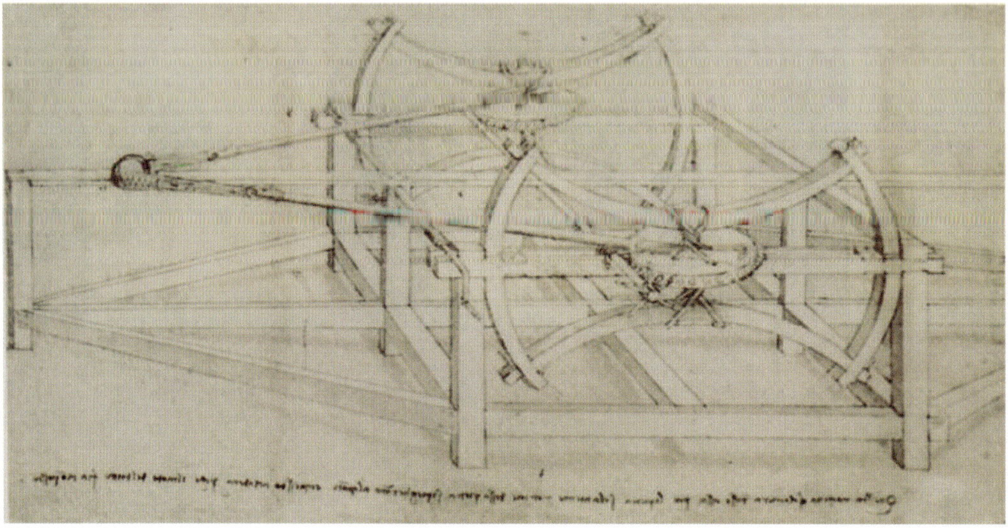

《发射石块和炸弹的机械装置》
1485年
羽毛笔素描，17.2 × 30.5 cm
《亚特兰蒂斯抄本》
安布洛其亚图书馆，米兰

他回来据说是因为他和兄弟们为继承叔叔的一笔遗产发生了争执。毫无疑问，受到法国国王路易十二的赏识，列奥纳多应该不会为经济问题发愁。不过，这场官司事关列奥纳多的私生子身份，而他本人也不打算放弃作为家族一员的权利，更何况此前他的父亲、祖父、继母和叔叔已经承认了他的合法身份。于是，列奥纳多利用空闲时间绘制了两幅圣母图，这是为法国国王，绰号“最最虔诚的基督教徒”而画的。也许其中一幅就是知名的《哺乳圣母》，现藏于俄罗斯圣彼德堡艾米塔吉博物馆。

有关自然的研究

1508年，列奥纳多回到米兰，此后五年他一直住在那里。当时布瓦斯为保持斯福尔扎家族的文化，聘请列奥纳多担任米兰的高级技术顾问。他在此间的活动异常丰富多彩。为欢迎路易十二驾临米兰他组织了盛大仪式，并主持恢复了大教堂的唱诗班。与此同时，他继续对自然界进行观察和研究，这使他看起来更像一名科学家。1508 年，他开始撰写有关水流运动的手稿，而他解剖学方面主要的研究成果也始于这一时期。列奥纳多因此与维罗纳解剖学家马尔科·安东尼奥·德拉托雷一直保持着密切的联系，也因此对精确的解剖学更加感兴趣，并产生了绘制一本人体结构图册的想法。1510 年，他在帕维亚大学期间，研究了一系列的水利问题，并设计了一台提水机。

我们知道这一时期他到处旅行。

《岩石的横向开花》
约 1510 年
铅笔素描和黑色粉笔画
18.5 × 26.8 cm
温莎藏品，伦敦

他还在研究莱科和米兰之间阿达河的通航问题，完善马尔特萨纳运河的船闸系统。帕多瓦平原再次遭受战火摧残，列奥纳多于是专注于新武器、新机械及防御系统的研究。康布雷同盟的战争在一个极其复杂的战略舞台上展开，列奥纳多为法国国王绘制了一些带有地形图的军事图表。看来从那时起，他就追随法国国王进攻威尼斯了。

不过，列奥纳多也在旅行途中继续他的科学探索。意大利北部为他提供了丰富的植物和地质学研究的样本。他最喜欢研究的课题之一就是植物的生长及其整体分布。他对地质学也表现出了同样的兴趣。正因为如此，他才会细致入微地观察由于地壳运动大地所产生的变化。他绘制了很多草图，其中一张就是 1510 年画的《岩石的横向开花》。

《特里武尔齐奥墓碑研究图》
约 1509 年
羽毛笔素描
28 × 19.8 cm
莱昂尼手稿
温莎藏品，伦敦

《特里武尔齐奥纪念碑习作》
约 1509 年
铅笔素描和红色粉笔画
22.5 × 17.6 cm
莱昂尼手稿
温莎藏品，伦敦

此外，列奥纳多还喜欢研究山里贝壳和海洋生物的化石。列奥纳多对地质学的研究源自他对结构和规律更为浓厚的兴趣。最终，解剖学是按照规律来研究的，而这一规律则受控于和谐的关系。

列奥纳多回到米兰，德普雷迪斯兄弟于是重新向圣法兰西斯科格兰德大教堂下属贞净教友会索要《岩间圣母》的酬金。教友会承认欠了列奥纳多酬金，但他们也指出画作并没有完成，无奈下列奥纳多只好在两年间将这幅作品画完。此后这幅画又转到了法国国王手中，并随后运抵卢浮宫，那是因为列奥纳多终于拿回了自己的画，并主动将画献给了法国国王，他知道这样可以取悦国王。据此，我们可以相信现存于伦敦的另一幅笔法拙劣的《岩间圣母》应该是由列奥纳多绘制了大部分的草图，最后由德普雷迪斯兄弟完成的，那不过是因为拿回了第一幅画而不得不应付教友会才画的。

拉斐尔
《教皇利奥十世与两位红衣主教朱利奥·美第奇和路易吉·德罗西》
1517~1518 年
木板油画，155.5 × 119.5 cm
乌菲齐美术馆，佛罗伦萨

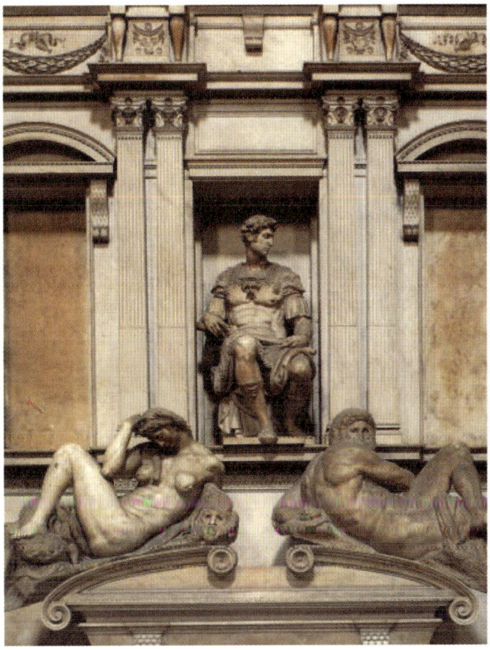

米开朗基罗
《朱利亚诺·美第奇公爵墓》
1521~1534 年
大理石
圣洛伦佐教堂，佛罗伦萨

查理·安布瓦兹在 1511 年去世后，米兰政府由他的两位将军掌控，他们是加斯东·德富瓦和吉安·贾科莫·特里武尔齐奥。特里武尔齐奥十分欣赏列奥纳多为弗朗切斯科·斯福尔扎设计的骑马像，于是他让大师也为他的墓地设计一尊纪念碑式的塑像，要和 1499 年斯福尔扎城堡院中的那尊一样。于是，大师再次来到米兰重拾当年那尊纪念塑像的设计理念。他还是选择了马蹄腾空的设计，而且这次他认为完成这件作品没有问题，因为这尊雕像的体积比当年为卢德维科·斯福尔扎设计的那尊小。

米兰的局势又出现了新的变化。由于遭到胡利奥二世领导的联盟进攻，法国只好从伦巴第退出意大利。

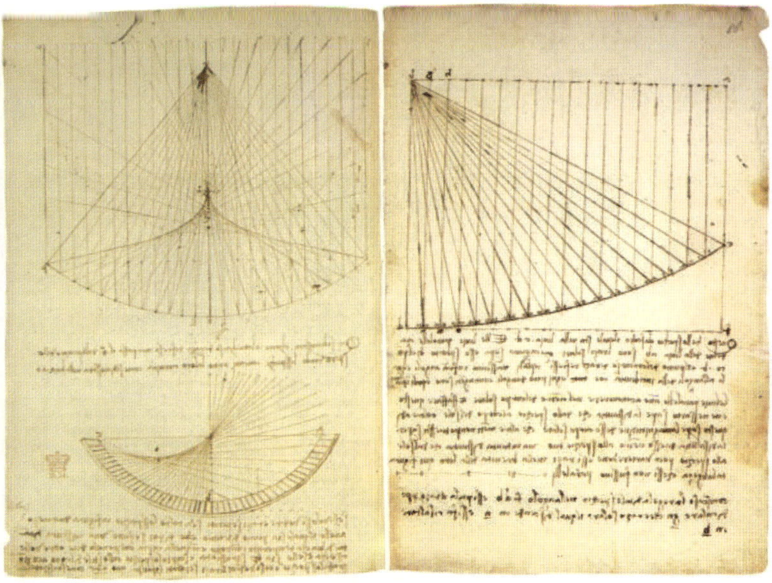

《抛物线形及连续弯凹透镜习作》
1492年
铅笔素描，对开页
23.5 × 41.2 cm
《阿伦德尔古抄本》
英国图书馆艺术博物馆

列奥纳多明白他的米兰时代结束了。罗马的艺术发展和学者们的态度决定了新世纪的发展，这些都深深地吸引了他。

罗马和教皇的海边沼泽地

数月前，1513 年 5 月 11 日，乔瓦尼·美第奇当选教皇，被称为利奥十世。按照老派的家族传统，他身边聚集了当时意大利最顶尖的艺术家。

同年 12 月，列奥纳多来到罗马。他受到了热情接待，并开始为朱利亚诺·美第奇工作，负责有关数学和机械方面的事务。同时，他对哲学、炼金术、机械著作也很着迷，还花了些时间研究光学问题，用镜子做了很多试验。朱利亚诺·美第奇希望列奥纳多能实现自己的梦想：将海边沼泽地清理干净，因为这地方不但肮脏而且非常危险，让人很不舒服。由于朱利亚诺，洛伦佐和教皇利奥十世相继去世，这项工程最终没能完成。直到二十世纪这片沼泽地才被彻底清理干净。

法兰西斯一世

看来，列奥纳多这一时期与其他艺术家和学者关系疏远。1515 年他与朱利亚诺·美第奇也很少往来。他陪同教皇利奥十世出访波伦尼亚期间见到了新的法国国王，法兰西斯一世。这位国王派兵侵入意大利北部并夺取了米兰。朱利亚诺于 1516 年 3 月因肺结核去世。再也没有什么可以牵绊列奥纳多离开罗马了，于是他接受了法兰西斯一世的邀请来到法国。首先，他受命建造一座宫殿，其设计草图收录在《亚特兰蒂斯抄本》中。当然，国王也很欣赏他在组织聚会、搭建临时舞台方面的才能。

让·克卢埃
《法兰西斯一世》
约 1525 年
卢浮宫，巴黎

《马、猫、圣豪尔赫和龙的习作》(局部)
约 1517 年
铅笔素描,带有黑粉笔线条,29.8 × 21 cm
莱昂尼手稿,温莎藏品,伦敦

列奥纳多大限将至。最确切的证据来自红衣主教路易士·德阿拉贡的秘书，安东尼奥·德贝亚特里斯的一段记述:“主教大人接见了那个佛罗伦萨人,年逾七旬的列奥纳多·达·芬奇先生,他是我们这个时代最伟大的画家。……看来不能再指望他创造出伟大的作品了,因为他的右臂已经瘫痪了……”有关列奥纳多瘫痪的详情并不十分确切,而且 1518 年年中他的字迹依然清晰有力。

列奥纳多一年后去世,也就是 1519 年 5 月 2 日。据瓦萨里记载,列奥纳多是在国王的怀抱中去世的,他不知道还有什么比这更高的荣誉。大师去世时享年 75 岁。

列奥纳多的手稿

死后,列奥纳多留下了大量的手稿和画稿,在遗嘱中他将这些都留给了弗朗切斯科·梅尔齐。他死后,这些手稿几易其主,很多残缺不全甚至丢失。完好保存至今的还有:现存伦敦大英博物馆的《阿伦德尔手稿》(1504~1516 年),其中包括了不同形制的文献，涉及物理、机械、光学、欧几里德几何学、重量、建筑(为法兰西斯一世效力期间)等方面的研究。梅尔齐和莱昂尼之后,这些手稿被西班牙的阿伦德尔伯爵购得并带到了英国,后来他将手稿捐赠给英国皇家学会,手稿于是留在了英国。

现存米兰安布洛其亚图书馆的《亚特兰蒂斯抄本》(1478~1518 年)。其中绘制的草图涉及数学、几何、天文、植物学、动物学、光学、绘画、解剖学及军事艺术。这本手抄本共有 12 卷,1119 页,包括了形制大小不同的文献(之所以取名大西洋,是因为此前它是唯一一部科学巨著)。莱昂尼在马德里将这些手稿整理成册;1632 年,加莱亚佐·阿科纳蒂伯爵得到了这部手稿并把它带回米兰;1795 年,拿破仑又将它带到巴黎;通过维也纳议会的努力,1815 年这部巨著才得以重回米兰。

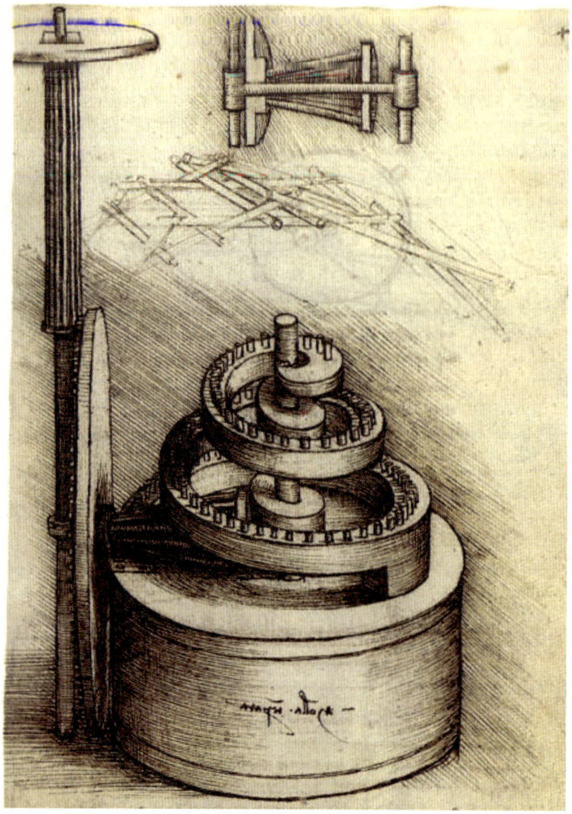

《弹簧枪的螺旋齿轮装置》
约 1498 年
铅笔素描
22 × 30 cm
国家图书馆，马德里

《特里武尔齐奥手稿》（1487~1490 年），现存于米兰斯福尔扎城堡的特里武尔齐奥图书馆。这部由 55 份文献组成的手稿涉及文学、军事和宗教建筑。阿科纳蒂在马德里购买了这部手稿，并于 1935 年捐赠给斯福尔扎家族图书馆。

《鸟类飞行手稿》（1505 年）现存于都灵的皇家图书馆。这本 17 页的手稿内容涉及鸟类飞行、翅膀的功能、空气阻力、风力及气流。阿科纳蒂在马德里购买了这部手稿，并捐赠给了安布洛其亚图书馆；1795 年这部手稿又被拿破仑带到巴黎；1850 年，朱列莫·利布里偷走了几页手稿；1867 年贾科莫·曼佐尼伯爵买了 13 页，其他 5 页在伦敦出售；1920 年，该手稿重新回到都灵图书馆。

《阿什伯纳姆手稿》(1489~1492 年)，现存于巴黎的法国学院。这是两份绘有草图的研究手稿。这几页手稿被拿破仑带回巴黎，随后又被利布里窃取，并被卖给了阿什伯纳姆勋爵，因而成了一部新的手稿。最终这部手稿由法国学院收藏。

《法国学院手稿》（1492~1516 年），现存于巴黎的法国学院。这部手抄本由 12 份手稿组成，共 964 页，按照字母 A 到 M 的顺序排列，其中涉及了光学、几何学、水利及军事艺术。阿科纳蒂在马德里购买了这部手稿，并于 1795 年带到巴黎。

1917 年，这部手稿由画家朱塞佩·盖齐得到，随后又卖给了莱斯特伯爵；1980年，阿曼德·哈默拍得了这部手稿；1994 年，比尔·盖茨购得了手稿。

《温莎手稿》（1478~1518 年），现存于温莎城堡王室收藏馆。由 600 幅大小不一的草图组成，内容涉及解剖学、地质学、马匹研究、漫画以及地理文献。蓬佩奥·莱昂尼将其归纳整理成册；阿伦德尔伯爵在马德里得到了这部手稿；1690 年，它成为英国王室的财产；从十九世纪末到 1994 年，为保护这部手稿，将其拆分保存。

《马德里手稿》（1490~1496 年和 1504 年）现保存于马德里国立图书馆。这是两卷手稿，分为马德里一卷和二卷，其中 192 页涉及机械研究，157 页记录了几何学研究成果。由于编号错误曾经遗失了很久，直到 1966 年才重新被发现。

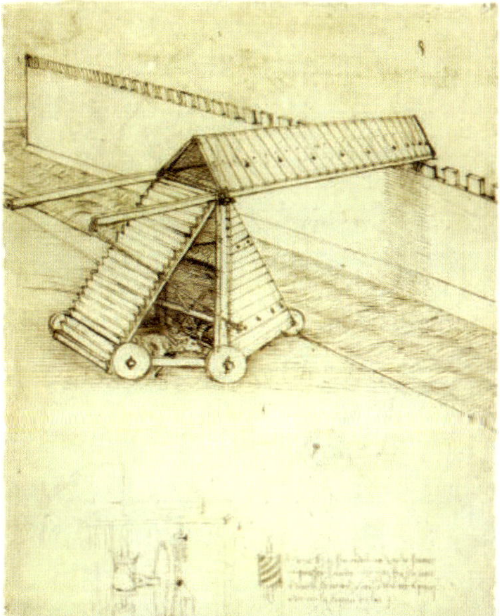

《攻城用密封桥机械装置草图》
约 1480 年，羽毛笔素描，26.8 × 19.4 cm
《亚特兰蒂斯抄本》，1084 页/32v–a
安布洛其亚图书馆，米兰

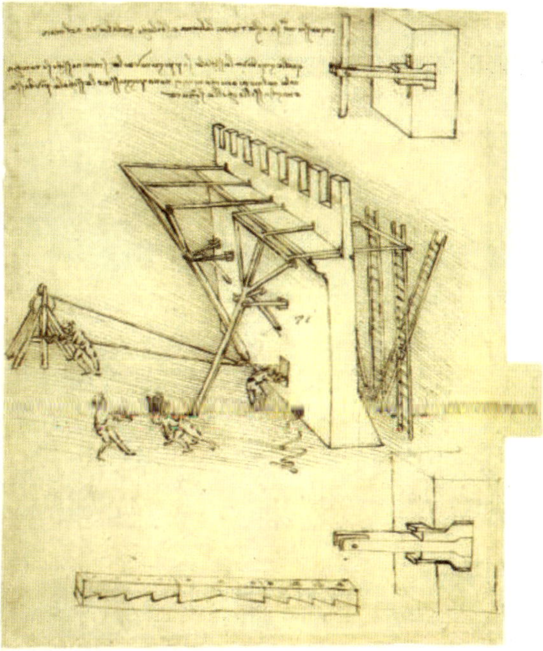

《对付攻城云梯的机械防御装置》
约 1480 年，羽毛笔素描，黑色铅笔底稿
29.7 × 19.5 cm，《亚特兰蒂斯抄本》
安布洛其亚图书馆，米兰

列奥纳多的绘画

“绘画是一首可以观赏却不能倾听的诗歌，
诗歌是一幅可以倾听却不能观赏的绘画。”

列奥纳多的绘画作品体现了他世界大同的观念，也是其绘画技艺的全面概括。因此，不能轻易判定哪幅画是或者不是列奥纳多的作品。在很多画作中，人们认为发现了他天才的笔触，却又很难找到档案来确定这就是他的作品，而且他本人早期的画作也是与工作室的其他画师共同完成的。而他接受委托所创作的很多画也没有彻底完成。由于他精益求精的态度以及方方面面需要考虑的因素，他往往会将时间和精力耗费在准备工作上，从而耽误了画本身的创作，所以很多作品仅仅是他脑海里构思后所画下的草图和随笔。

不过，他总能找到适当的方法展现他那超凡脱俗的才华，而他对自然界令人惊诧的“再创造”为我们留下了几幅人类历史上最伟大的作品，其意义远远超过绘画本身。另外，我们也非常遗憾不能欣赏到大师所有的天才作品。有些作品我们知道曾经存在或者应该存在过，但现在却无缘欣赏了。还有一些作品，在他授课过程中被学生拿走藏匿了。下面我们看一看列奥纳多应该有多少作品面世。

《焦孔达夫人》(《蒙娜丽莎》)
约 1505 年
木板油画，77 × 53 cm
卢浮宫，巴黎

《女人头像》
1470~1476 年，羽毛笔素描
白色颜料画于纸上，28.2 × 19.9 cm
草图陈列室，乌菲齐美术馆，佛罗伦萨

武士半身像

文艺复兴早期的艺术家们喜欢用雕刀进行创作，不过即使《武士半身像》这种高水平的画作也很少能够完好无缺地保存到今天。这是一幅典型的安德莉亚·韦罗基奥工作室的作品，列奥纳多 1469 年到 1476 年曾在那里工作。这幅作品中大师的风格可以形容为“古典主义”，具有高度的装饰性和魔幻色彩。意大利画家、建筑学家兼历史学家瓦萨里曾经记述道，十六世纪中期，他所收藏的韦罗基奥工作室的画作中，“有一些画得很有耐心且下笔准确的画，其中包括一些美丽女人的头像，从人物表情、发间的饰物及美丽的容貌，可以断定这是列奥纳多一贯的风格”。这幅草图中，头盔上的龙和胸甲上狮头图案自然主义的画法尤显突出，特别是武士那坚毅的侧面像，我们准确无误地证明这的确是列奥纳多的手笔。事实上，这两幅画也的确是大师的作品。

有一些文献可以证明这幅画与韦罗基奥为“伟人”洛伦佐所创作的几幅青铜浮雕有关，这些表现有“巨人亚历杭德罗和达里奥的浮雕”后来失传了。有些评论家认为这些浮雕其实是由列奥纳多完成的，而这幅草图正是他为创作青铜浮雕而准备的。

胸甲上的狮头

《武士半身像》
1472年
在白纸上用雕刀作画
28.5 × 20.8 cm
大英博物馆，伦敦

受胎告知

《受胎告知》

1470~1473 年

木板油画与蛋彩画

98 × 217 cm

乌菲齐美术馆，佛罗伦萨

阅读架近景

这幅作品1867年从橄榄山的圣巴托洛梅教堂转移到乌菲齐画廊，此前它曾被认为是多梅尼科·吉兰达约的作品。之后，这部作品又被认定是韦罗基奥和洛伦佐·迪克雷迪的作品，直到上世纪中期才被确定为列奥纳多的画作。然而，画面构图缺乏关联，这又让人们不得不怀疑这幅画是出自多人之手。

整个画面的构图就很能说明问题，画面左边是天使，有一对宽宽的翅膀，而圣母在右边，两者中间的近景处是看似浅浮雕的阅读架，以及圣母背后的建筑物。吉兰达约及其画派对这种构图方法可谓驾轻就熟。然而，天使的脸，以及天使和圣母衣服的皱褶却明白无误地告诉我们这是出自列奥纳多之手。事实上，列奥纳多绘制了天使的衣袖，仅凭这一点就足以确定这幅画的作者。天使身体微微前倾，目光和右手手指微微向前抬起，整幅作品全景式的画法与细节的处理截然不同，尽管两者被巧妙地融合在一起。人物肖像细致轻巧的笔触与服装的厚重感觉相互矛盾。画家对每一道衣褶都运用了光影对比的画法，因此显得肢体和面部表情缺乏动感，真正在动的反而是衣袖的系带以及布料。

尽管应该承认画面的整体取景是由列奥纳多构思的，但还是应该指出在透视画法的运用上存在一些错误，其中包括并没有考虑到人物在画面中的位置以及画面的整体构图。另外，在色彩运用上也有冲突，比如圣母粉红色的衣服与天使红色的长衫。我们还发现了透视画法的一些错误。毫无疑问，列奥纳多掌握了透视的理论，不过看来当时他还不够确定自己的真实意图，即用这种画法来创造一个自然主义的，同时也是自主有序的绘画空间。

衣服的皱褶

蓝色山脉

因此，画面中的一些细节相互冲突，比如圣母的右臂与同在一个画面的左臂相比，以一种非常不自然的姿势放在阅读架的一侧。建筑物和阅读架是按照古典主义的画法来绘制的。而阅读架则明白无误地让人们联想起佛罗伦萨圣洛伦佐教堂中，乔瓦尼和皮耶罗·美第奇青铜棺木上的图案，那是韦罗基奥的作品。

这幅作品极具吸引力，通过顺畅而流光溢彩的笔触，描述了一幅晨光中宗教田园诗般的意境，画面的背景——蓝色山脉——在清晨的薄雾中若隐若现。画面中引入的各种元素，比如水、空气和光尤其引人入胜，它们在画面的后方缭绕在阿尔卑斯山脉的峭壁间。画面风景中一个至关重要的细节就是文艺复兴时期的花园，这个奇怪的空间异常拘谨，几乎可以说是抽象的，它成为涉及宗教题材绘画的一个新场景。此外，这幅作品中还抹去了很多圣物。意大利文艺复兴时期传统上为突出这类宗教题材，会在画面中加入一些圣物，比如在《受胎告知》中加入上帝的手或者声音，有的时候也加入圣灵。

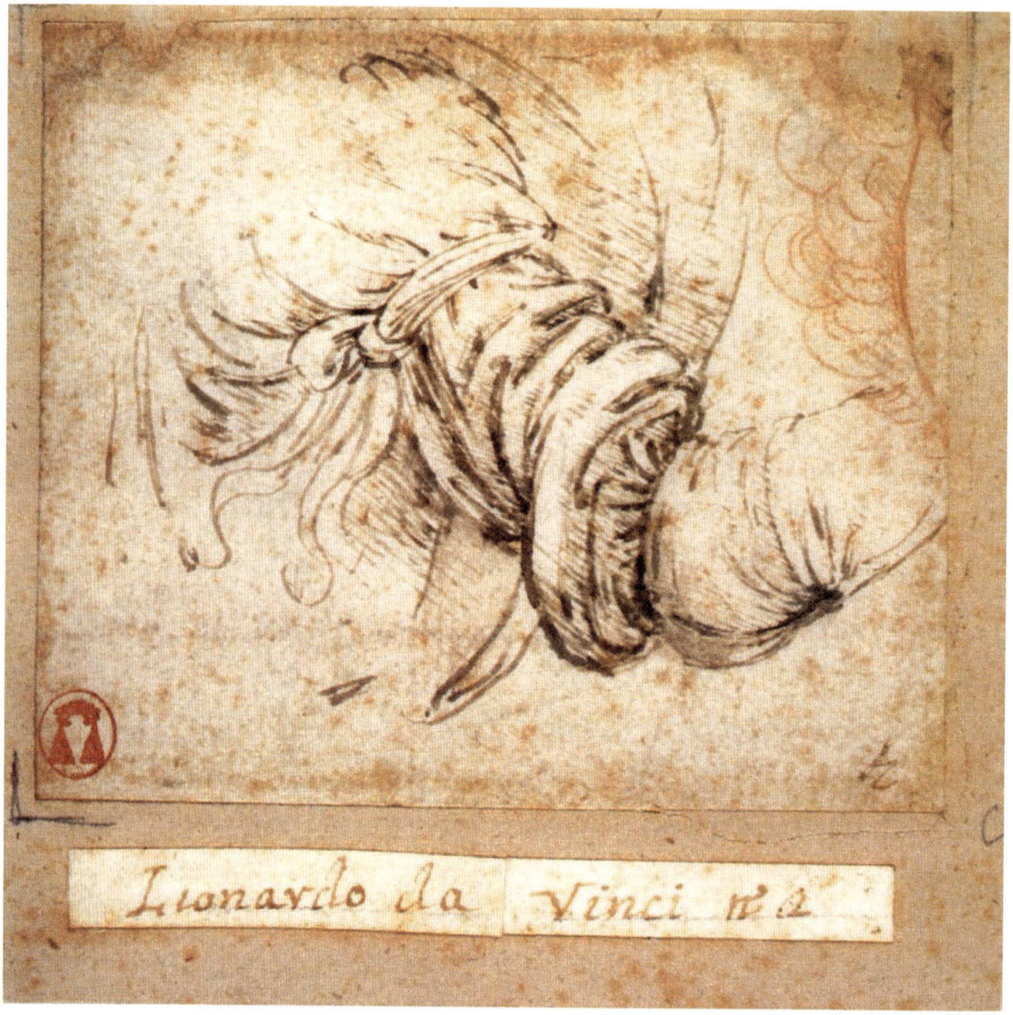

《〈受胎告知〉中衣袖习作》
红色铅笔画在纸上，8.5 × 9.5 cm
牛津督教堂学院

所有这些圣物在这幅作品中不见了，不过不确定的时间、不同寻常的时刻都通过准确的笔触、具有考古学意义的细节以及地中海的自然景物表现了出来。

这幅作品的几幅草稿保存了下来，其中多半与衣服的画法有关。现存卢浮宫的那幅草稿是为了绘制圣母衣服皱褶而在光影对比方面进行的研究。

《坐像衣服画习作》
约 1470~1484 年
画布油画，26.5 × 25.3 cm
草图陈列室，卢浮宫，巴黎

之所以认定这幅草图是出自列奥纳多之手，是因为其画工非常精细。刚才提到的那幅天使衣袖的画稿，让人们联想到他早期曾经画过的螺旋状形象，这是大师透过研究水流运动而绘制出来的。

基督受洗

这幅作品是韦罗基奥工作室的几位画师（例如比利）为圣萨尔维教堂所画。列奥纳多曾经参与这幅画创作的说法在《阿尔贝蒂尼回忆录》（1510 年）中得到确认，其中写到在刚才提及的教堂里，“……有列奥纳多·达·芬奇画的一个天使和几幅美轮美奂的作品”。这段叙述应该是真实可信的，因为在这本书写作并出版的年代，列奥纳多还生活在意大利。瓦萨里在 1550 年，根据阿尔贝蒂尼和比利的说法，认定达·芬奇画了《基督受洗》中的“那个手托衣服的天使”。现代研究结果表明这幅画中左下角的天使从文学和技术角度来说，的确与韦罗基奥所画的形象存在差异。

人们多次注意到这个跪着的天使正是列奥纳多笔下那些富有活力和动感的人物形象。天使的脸和长袍那种柔和而有层次的画法进一步印证了这一点。列奥纳多潜心研究衣服的画法，并多次用这种画法绘制女性及天使的形象，他们或坐或跪，其魅力就在于光影的完美结合。

为突出这部作品的重要性，瓦萨里曾提到，韦罗基奥看到学生这么轻而易举就超过了自己，十分吃惊，并决定就此退出画坛。“这就是为什么，”瓦萨里写道，“安德烈亚·韦罗基奥不想再碰画笔的原因，他觉得很没面子，因为一个孩子比他懂得多”。毫无疑问，这不过是个夸张的说法。事实上，韦罗基奥是一位雕塑家，只不过在瓦萨里的记述中这位艺术家退出画坛的倾向被无限放大了。

《基督受洗》
与安德烈·韦罗基奥合作
1470~1475 年
木板丹佩拉油画，177 × 151cm
乌菲齐美术馆，佛罗伦萨

基于这些猜测，人们习惯地认为列奥纳多当时是作为一个年轻学徒参与了《基督受洗》的创作，这也是他绘画生涯的第一幅名作。其实，进一步的调查已经证实列奥纳多在这幅作品中已经表现出与18岁的年纪极不相称的成熟和大师风范。画面中，韦罗基奥绘制的天使以一种奇怪的方式看着列奥纳多的天使，好像后者来自另一个世界。这种说法其实一点没错，事实上列奥纳多的天使的确属于一个虚幻世界，是韦罗基奥永远无法企及的世界。头部的画法反映出大师对完美的追求，至少是在古老艺术中对局部完美的追求，那迷人的瀑布样的卷发则昭示了大师艺术的另一面，也就是瓦尔特·帕特尔所说的“被神秘触碰的美丽”。

不过，列奥纳多不仅画了那个天使，而且一直以来，人们认为天使后面的风景也出自他的手笔。与韦罗基奥所画的风景不同，他的风景充满了生机和动感，一缕光束缓缓地滑过山脉、河流，河水富有动感并最终汇成瀑布。

施洗者的形象

从1950年起，评论界对整幅作品进行了更为详尽的解读。拉贾蒂认为，这幅作品先是由一位不知名的画师刚刚开了头，就于1469年前后送到了韦罗基奥工作室，开始是指定波提切利来画，很快这幅画就由他和列奥纳多共同绘制了。第一位画家画了上帝之手。第二位画家，拉贾蒂认为是波提切利，画了施洗者的形象；波提切利离开韦罗基奥工作室以后，这幅作品由列奥纳多完成。按照这样的推测，这幅作品无疑反映了十五世纪下半叶佛罗伦萨最具活力和多样性的工作室中主要画家的最高水平。

同时，重新整理了达·芬奇绘画的马里亚尼，认为这件作品仿佛一个画板，反映了当时艺术家之间的竞争，以及为了掌控一个绘画理念而产生的斗争。

列奥纳多所画的天使属于一个虚幻世界

德雷福斯圣母（石榴圣母）

直到二十世纪初，人们一直认为这幅作品是韦罗基奥工作室最好的画作之一。在不同时期，人们分别认为这幅画出自洛兰佐·迪克雷迪、韦罗基奥和列奥纳多之手。二十世纪三十年代，人们开始承认这幅作品的确出自列奥纳多之手，因为那种超凡脱俗的色彩（与同时期创作的《伯努斯圣母》一样）正是列奥纳多绘画作品中所特有的，当然这也是韦罗基奥和迪克雷迪无法企及的。这幅作品与《康乃馨圣母》有很多相似的地方，它们都散发着浓郁的威尼斯气息。1469 年，韦罗基奥一直在威尼斯，列奥纳多则很可能追随他来到了这里，这似乎也是一个佐证。无论如何，十五世纪的画家习惯在工作室集体创作，这种体制让人们很难将老师和学生的作品明确地区分开来。在很多情况下，由老师绘制主要人物或者画面的关键部分，学生们则负责次要部分，比如背景或者次要人物。

《德雷福斯圣母》的画面构图并不和谐，圣婴的姿势有些笨拙，人物形象与背景中的建筑也不十分契合。尽管如此，还是可以肯定列奥纳多画了圣母的手，以及她脸部周围的阴影。

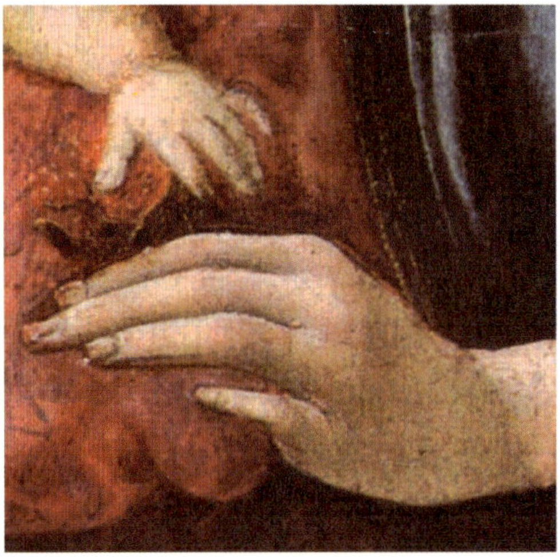

圣母手部形态

《德雷福斯圣母》(《石榴圣母》)
1472~1476 年
木板油画
15.5 × 12.7 cm
国家艺术画廊，华盛顿

伯努斯圣母

这幅画 1909 年开始被认定是列奥纳多的作品，当时该画作为俄国皇室的私人收藏在圣彼得堡展出。《斯塔雷·戈迪杂志》坚持认为这幅画是列奥纳多的作品，尽管也承认他只是参与了部分创作，比如圣母半张的嘴里那些若隐若现的牙齿。尽管伯纳德·贝伦森对这幅画大加抨击，但也承认这的确是列奥纳多的作品，现代批评家也得出了同样的结论。也许这幅圣母像就是 1478 年列奥纳多提到的他着手开始创作的两幅圣母像中的一幅，他在一份笔记中写道："……1478 年我开始创作两幅圣母玛利亚的画像。"

能够确定这幅作品的作者，并承认它对于理解列奥纳多作品的重要性，这不仅是因为作品本身的绘画价值，更是因为保存至今的几幅草稿也可以证明这是大师的手笔。其中一幅草图的构图与最后的作品相比显得略微窄一些，列奥纳多曾打算利用纸张的透明度将图案转到反面。在最初的构图中，他画了向右侧身而坐的圣母，圣婴靠着她的双膝，还有一只正准备溜走的猫。最终动笔作画的时候，他又进行了一些重要的修改，比如圣母的眼神转向了圣婴和猫，背景中加入了一扇窗户，还有双腿摆放的姿势。圣婴的眼神专注（尽管有些不协调），将头转向那只猫。这幅草稿应该是艾尔米塔什博物馆珍藏的这幅圣母图的前身，不过在成品中猫不见了，圣母手中拿着一朵花供圣婴把玩。

《伯努斯圣母》
1475~1478 年
木板油画转移到画布上
48 × 31cm
艾尔米塔什博物馆，圣彼得堡

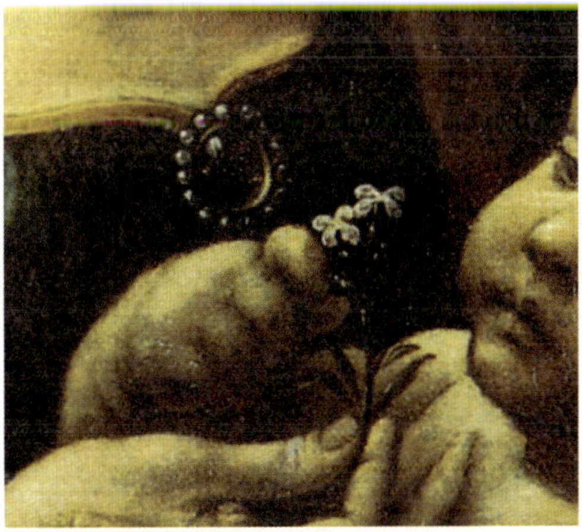

一朵被圣婴把玩的花

《圣母，圣婴及猫》(背面)
约 1478 年
纸上羽毛笔素描
13.2 × 9.5 cm
大英博物馆，伦敦

《圣母，圣婴及猫的草图》
约 1478 年
纸上羽毛笔素描
13.2 × 9.5 cm
大英博物馆，伦敦

将这些草稿与成品进行对比，就可以看出自然主义的草图和完美成品之间的联系。经过对比可以得出结论：这幅作品好像已经失去了草图中严谨的关联性。这大概是由于当时佛罗伦萨艺术圈里各种不同流派间的冲突。整个十五世纪，利比和波提切利所倡导的柔和线条，与马萨乔和布鲁内莱斯基所主张的本真自然主义，一直争论不休。从列奥纳多的草图可以看出，他直觉地倾向了线条流派（《水果篮圣母》草图）。然而，在成品之中他却转向了自然主义流派，更注重人物刻画的科学性，尤其是在韦罗基奥工作室绘制的圣母。画面之中的主体都是韦罗基奥工作室常用的题材。

当时，这幅作品对宗教题材进行了“世俗化”的诠释，圣母和圣婴都沉浸在母子俩的游戏中。不过，一些规定的题材还是很重要的，比如在构图中出现的窗户，这是佛兰德绘画常用的主题，列奥纳多画上窗户是为了更好地诠释空间感。值得一提的还有圣母右腿上垫的那块布料，其绘制时间比同类题材的另一些画，比现存卢浮宫的绘有圣母、圣安娜、圣婴和羊羔的诸多精美草图还要早。

《水果篮圣母的草图》

纸上金属笔和羽毛笔素描
35.8×5.2 cm
乌菲齐美术馆
佛罗伦萨

受胎告知

在卢浮宫还存有另一幅《受胎告知》图，其作者不详，有人认为是吉兰达的作品。这块小彩绘嵌板非常完美，尤其是天使的那对翅膀。文献记载这是皮斯托亚教堂祭坛画的一部分，本来是委托给韦罗基奥的，却最终由洛兰佐·迪克雷迪执笔。透过射线分析可以看出这幅作品的技法与列奥纳多同一时期其他作品所用的技法不太一样。近些年，有人认为有可能列奥纳多参与了这幅作品的收尾工作，这对提升画面的整体表现力起到了决定性的作用。普遍认为保存在乌菲齐画廊的一幅女人头像草图与这幅《受胎告知》中的圣母有关联。尽管作品是否出自列奥纳多之手尚不能确定，但画面中美丽的形象的确集中了韦罗基奥学校最典型的特点。

瓦萨里回忆说，列奥纳多先用陶土捏出形象，盖上柔软湿润的亚麻布后再进行绘画。这些用于练习的陶俑，有几个保存在卢浮宫、乌菲齐博物馆和大英博物馆，它们或坐或跪，与列奥纳多一些早期作品有关，比如《基督受洗》《受胎告知》或者《三博士来朝》。大师观察织物的方法足可以证明这些作品的重要性，此外列奥纳多对光影问题也十分感兴趣。

《受胎告知》
约 1478 年
木板油画
16 × 60 cm
卢浮宫，巴黎

《女人头像》
1470~1476 年
羽毛笔，墨水和白色颜料画在纸上
28.2 × 19.9 cm
草图陈列室
乌菲齐美术馆，佛罗伦萨

吉内芙拉·本奇

（欧洲刺柏夫人像）

吉内芙拉是富商阿梅里戈·本奇的女儿，1463 年送给菲奇诺一部柏拉图的手稿。吉内芙拉的两位表哥——托马索和乔瓦尼，与“伟人”洛兰佐建立的研究院交往甚密。

列奥纳多·达·芬奇与本奇家族的渊源远不止这幅画，在《亚特兰蒂斯抄本》中列奥纳多曾提到“我的世界地图放在乔瓦尼·本奇家”。瓦萨里也曾记述《三博士来朝》这幅画放在阿梅里戈·本奇家。

有关吉内芙拉·本奇的生平记载非常翔实。1474 年，她 17 岁那年，嫁给了路易吉·贝尔纳迪·迪拉波·尼科利尼。由于丈夫经济困难，婚后最初几年他们生活得并不幸福。当时的人们都赞美吉内芙拉的聪敏智慧和悲天悯人的美德。背景中教堂的钟楼隐喻了她是一位虔诚的教徒。据说她能作诗，我们透过贝尔纳多·本博的记述可以读到这些诗句。他是威尼斯大使，人文作家彼得罗·本博的父亲，与吉内芙拉友情深厚。

目前，人们普遍认为这是列奥纳多的作品，尽管也有人认为这是洛兰佐·迪克雷迪的画作。名不见经传的加迪亚诺和瓦萨里的书中都曾记载列奥纳多的确曾经为吉内芙拉·本奇画过肖像画。半身像的后面是欧洲刺柏的枝叶，在意大利语中刺柏的发音是吉内布拉，与吉内芙拉谐音，作者巧妙地将主人公的名字隐喻其中，同时刺柏也是女性贞洁的象征。

《吉内芙拉·本奇》
（《欧洲刺柏夫人像》）
约 1478 年
木板丹佩拉油画，38 × 36.7 cm
国家艺术画廊，华盛顿

教堂的钟楼

头发的光泽感

吉内芙拉的婚礼是在1474年举行的，这幅画很可能是从那个时候开始创作的。画中年轻女子的下巴和坚毅的眼神都显示了她倔强的性格。这幅为人称道的肖像画完美地融合了美丽与野性，表达出一种忧伤和闷闷不乐的情绪。这种对内心世界的探究，以及头部轮廓的描绘方式，与《蒙娜丽莎》如出一辙。吉内芙拉的身体与画面成斜角，而她的头部则正对着观众，这种姿势使人物形象产生了某种动感。佛兰德画派的特点在这幅画中随处可见，比如逐渐消失的颜色、对画面完美的追求，以及细节的精细处理，这一点尤其体现在刺柏的画法上。也许列奥纳多受到了凡·爱克的影响，至少是在头发光泽的处理上。

画的形状让人感觉它被从中间截断了，画背面的花环（没有出现在复制形象中）也被截断了。红色斑岩的背景中，可以看到由月桂、刺柏和棕榈叶组成的花环，上面的缎带上写着“美丽装饰美德”。

这幅画有很多草稿存世，其中收录在《莱昂尼手稿》中的有关手的草图却让人很难将它们的创作年代定的更早些，因为所用的技法与二十年后斯福尔扎墓碑的草图如出一辙。另外，手和双臂的画法也与著名的《受胎告知》非常相似。

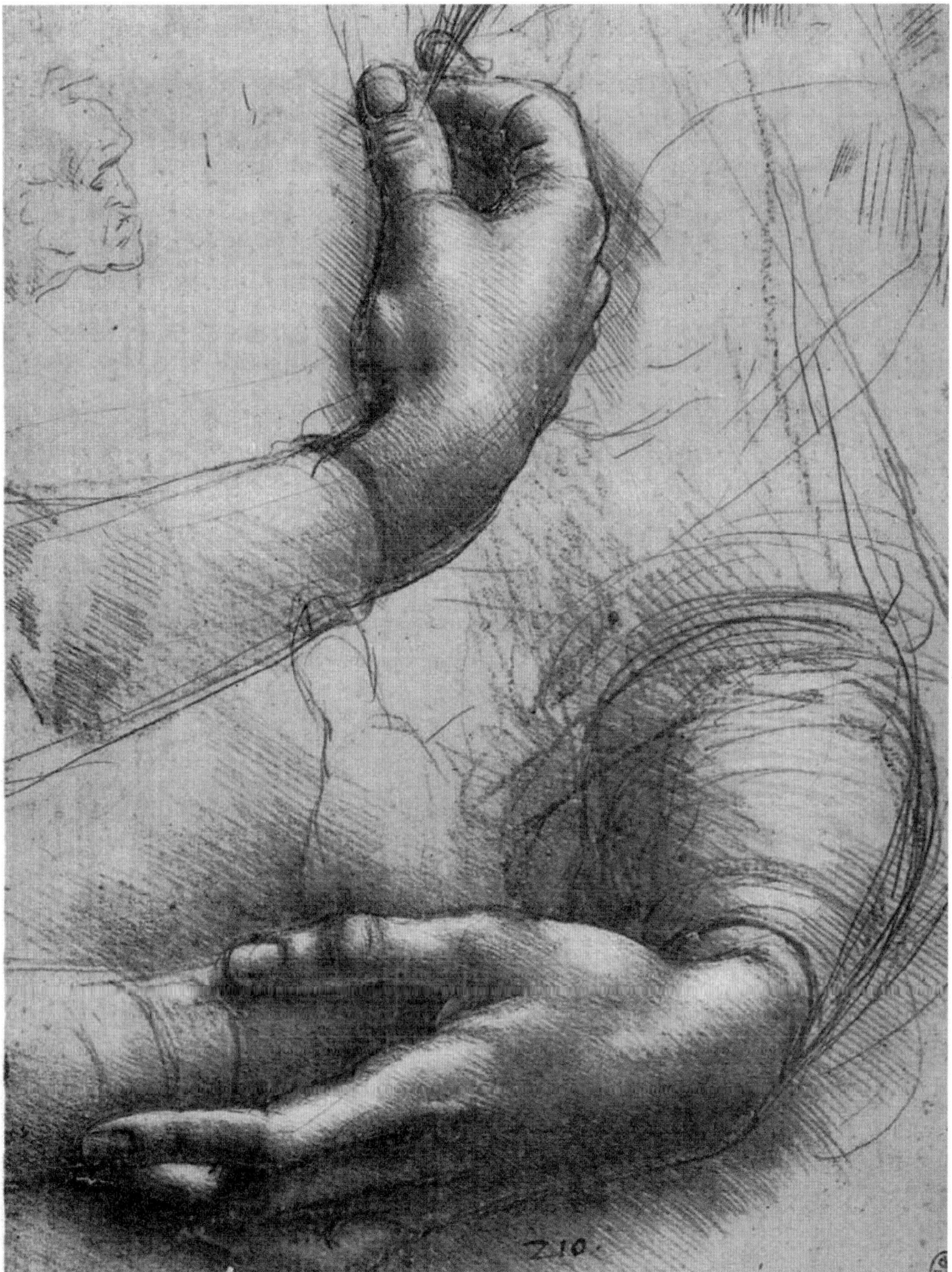

《双手习作》

约 1474 年

金属雕刀和黑粉笔画在专用的纸上

31.4 × 14 cm

莱昂尼手稿，温莎藏品，伦敦

持花圣母

瓦萨里提到之后，这幅作品很快就得到了确认，即那幅《圣母与花瓶》。接下来，对于这幅画的真正作者，开展了旷日持久的争论，和其他由韦罗基奥画室引起的争议一样。

圣母的形象明显带有北欧绘画的痕迹

最具列奥纳多特色的地方

争论的结果是这幅画被认为是韦罗基奥画室和迪克莱迪的作品，是列奥纳多某幅作品的摹本或另一个版本。直到 1920 年，才有人再次提到这幅作品的作者应该是列奥纳多。虽然疏于保存，但画中圣母的头像——画得非常突出，一些主要部位留有修复的痕迹，因油彩使用过多而在画作表面形成了突起——却让人们联想到这幅画可能属于列奥纳多的弗拉明戈时期。

这幅画应该与《石榴圣母》和《伯努斯圣母》这两幅作品联系起来看。与这两幅作品相比，《持花圣母》也许是三者之中最不注意观赏者感受的作品。上述这三幅作品并称“圣母三部曲”，明显带有北欧绘画的痕迹。很显然，这幅作品中最具列奥纳多特色的地方就在于画作中的两处风光，这一点和《基督受洗》极为相似。画作中圣母姿势的造型与列奥纳多早年间跟韦罗基奥学习雕塑的经历不无关系。

《持花圣母》
1478~1480 年
木板油画
62 × 37 cm
老艺术馆，慕尼黑

荒漠中的圣哲罗姆

与列奥纳多·达·芬奇的大部分作品一样，神秘、疑问甚至离奇的色彩笼罩着这幅画。据说，拿破仑·波拿巴的叔叔，费斯基主教，在科尔塞加建立了一座意大利绘画博物馆。他在罗马一位商人家里偶然发现了这幅作品的下半部分，它盖在一个箱子上。数年后，人们发现画的上半部分被一个鞋匠做成了椅垫。评论界一直认为这幅画是列奥纳多的作品，不过似乎只有列奥纳多从佛罗伦萨迁往米兰时所列的一份物品清单才能证明这一点。尽管这份清单似乎证明了这幅作品与现存乌菲齐博物馆的《三博士来朝》是在同一时期创作的，但在伦巴第的一些遗迹却表明这幅画与《最后的晚餐》成画时间相近。圣像的面部符合解剖学原理的细节处理，对风景细致入微的描画似乎更证明了这一点，这与1483年左右创作的《岩间圣母》极为相近。

这幅作品没有完成，但却明白无误地传递出大师的风范。列奥纳多颠覆了以往画家将圣哲罗姆描绘成老态龙钟，对上帝意愿俯首帖耳的形象。此外，以前出现在这类肖像画中特有的道具，比如书，在这幅作品中没有出现。

说到画中的狮子，既是忠诚的象征，同时也是人物身份的标志，其自然主义的画法及心理描绘令这一形象显得出类拔萃。它冲着圣人的脸咆哮，似乎要与忏悔者分享它的吼声。人物痛苦的笑容和手拿石头的样子都赋予这个形象莫名的尊严，这是借助了山洞这一景物在构图上达到了完美平衡所产生的效果。这样，列奥纳多不但能够将观众的注意力吸引到主要人物身上，或是通过某种动作吸引到人物的某一个侧面上来，同时还能让观众注意到画面周边勾勒出的风景轮廓。圣人的目光望向一个只勾画出轮廓的形象，那是画面右侧的一个十字架，通过它将忏悔者的痛苦和被钉在十字架上耶稣的痛苦联系了起来。

《荒漠中的圣哲罗姆》
木板油画
103 × 75 cm
梵蒂冈图书馆，梵蒂冈城

三博士来朝

《三博士来朝》
1481~1482 年
木板油画
243 × 246 cm
乌菲齐美术馆，佛罗伦萨

这幅画是 1481 年 3 月斯科皮托村的圣多纳托修道院委托列奥纳多画的。本来合同上约定三十个月内完成该作品。但是这幅画既没有按时完成，最终也没有交给修道院。

十五年后，修道院不得不委托菲利皮诺·利比画了一幅同样题材的画。

与同样没有完成的《圣哲罗姆》一样，《三博士来朝》正是列奥纳多思考转型关键时期的作品。他借鉴了佛罗伦萨画派各方面的经验，从利比的精致到老师韦罗基奥的自然主义，而后者则继承了马萨乔的衣钵。列奥纳多试图超越，他不满足于只做一个拥有纯粹画技的伟大画师。他的作品反映出一种新的综合性的造型艺术，它对于表现各种形式，生命和运动的速度具有深层的意义。

很多草图都展示了这幅作品的创作过程。保存在卢浮宫（1478~1481 年）的草图展现了作品最初的创作理念，一群放牧人在一座破败宫殿的院中朝圣，宫殿左侧仅剩下两座拱廊，旁边是小屋的残骸，右侧的三座拱廊两边各有台阶通往连廊，背景中有骑士，但却没有驴和牛的形象，圣母在中间，被一群松散的朝圣者包围着。应该指出这幅草图缺乏结构上的关联性，透视画法只是将背景中的建筑和画面中心位置的主要人物圣母粘连在一起，与传统的随从马队相距甚远。然而，作品的肖像画法很有意思，圣母的两侧分别有几位蓄胡须的老者，这几位哲学家的形象几乎成为画像的边框。列奥纳多希望在最后的成稿中，利用这些形象传达出朝圣者见到耶稣后或“沉思”或“惊讶”的表情。与这些老者安静沉稳的表情相反，人们可以从画面中感觉到“朝圣人群”的欢乐和躁动，比如背景中几匹马那跃动不安的形象。尽管有刚才提到的诸多缺陷，列奥纳多还是绘制了一组带有台阶和拱门的建筑，而并没有将这组形象抹去。现存乌菲齐博物馆的 1481 年创作的第二幅草图中，画家试图将画面空间合理布局，用透视画法绘制画中的人物。经过仔细考虑，在这份草图中的庭院中画家巧妙地安排了一组魔幻的形象，其中包括一只骆驼，还有几匹昂首跃起的马。草图中台阶的位置与卢浮宫的那幅草图相比有了明显的变化，这大概说明列奥纳多此时已经最终确定了画面的整体构图。

最终的作品在构图连贯性方面堪称典范，微笑的圣母怀抱圣婴，周遭被一圈躁动不安的男人包围，他们与圣母子保持一定的距离，这群人怀着同样的心情显得惴惴不安。

毋庸置疑，将圣母子与男人世界隔离开来是宗教题材绘画中必不可少的手法，而列奥纳多又将这一手法在《最后的晚餐》中运用得炉火纯青。1472年，波提切利又将这一手法运用到他的朝拜图中。只不过，在这幅作品中圣母的形象高于其他人物，大家在肃穆安详的气氛中见证了耶稣诞生的场面，毫无疑问这能给朝拜者带来启示。与之相反，列奥纳多的作品中，圣母与其他人处在一个水平面，尽管中间有一段距离将他们隔开。波提切利的作品可以用语言来形容其精美，但列奥纳多带给人们的是激情和惊叹，是心灵的震撼，那是用语言无法形容的。

在构图上，列奥纳多摒弃了以往作品中简单的图解法，用一系列人物勾勒出一个被圆形环绕的三角形。画面右边跪在地上的一位东方国王和圣何塞的形象，构成了三角形的右边。三角形的左边是由一系列的相关人物组成的，左边跪在地上的人物和圣何塞帐篷下那颗神秘的人头。一些幽暗不安的形象充斥这个三角形周边。毫无疑问，背景中的形象是整幅作品中最令人称奇的，它描绘了战场上的勇士和骏马，这与传统东正教中整齐有序的仪仗马队形象大相径庭。为加强这组形象的动感，大师安排了四条纵线：中间两棵笔直的树，以及底部两名直立的人像。

《三博士来朝》
1478~1481 年
羽毛笔素描，金属铅笔画在纸上
28.5 × 21.5 cm
卢浮宫，巴黎

《〈三博士来朝〉背景透视画习作》
1481年
羽毛笔素描，白色金属铅笔绘制在纸上
16.3 × 29 cm
乌菲齐美术馆，佛罗伦萨

这两个人物形象，与周围躁动不安的人群相比，似乎显示出具有古代风范的尊严感，是马萨乔笔下伟大智者的形象。查斯特尔曾指出这几个人物所表达出的态度“沉思、迷惑和爽直”，反映了人们发现圣人后的三种态度。

不过，这幅朝拜图是一幅只画了底色的未完成的作品。一些人物形象只勾勒出大致的轮廓，有些头和手缺少身体部分，圣母形象也只是一个草稿。然而，这幅作品包含了全面的主题，那种激动的氛围可以有多种诠释方法。毫无疑问，《最后的晚餐》实现了这幅朝拜图的诸多设想，其中包括列奥纳多锻造的毫不平庸的“神性”概念；他还将这些人物的表情运用到未来在米兰创作的那幅壁画中。至于画面背景中骑士征战的场景，也是列奥纳多喜欢画的主题，未来则运用到了弗朗切斯科·斯福尔扎的骑马雕像，以及为旧宫所绘制的那幅后来失传的伟大作品《安吉亚里之战》中。

岩间圣母

尽管圣母贞净受孕只是教会最后承认的一批教条之一(1854 年),但方济各会和圣衣会所支持的这一信仰从十四世纪末开始就有了一批追随者。西斯托四世教皇于 1477 年,索邦大学于 1496 年分别承认了这一信条。十四世纪初期,米兰就有一座专门供奉贞净圣母的圣弗朗西斯科格兰德大教堂。1479 年 5 月,贞净教友会委托弗兰切斯克·扎瓦塔里和乔治·德拉基耶塞为教堂画一幅拱顶画,1483 年又与列奥纳多·达·芬奇、安布罗焦和埃万杰利斯塔·德普雷迪斯兄弟签了合同,绘制三幅祭坛装饰画,同时为画框上的浅浮雕部分着色并镀金。从合同中可以看出,列奥纳多当时在米兰还没有固定的住所,而是作为客人借住在德普雷迪斯兄弟家。三位艺术家要一起完成这份订单,可以得到 200 杜卡多(约合 800 里拉)外加一笔赏金,但具体数额要等到画完成后,由对方选出的三位教友会成员来决定。合同中还规定 1483 年 5 月先支付 100 里拉的定金,其余 700 里拉则从此后到 1485 年一二月份完成画作期间,每月支付 40 里拉。

按照合同规定,中间这一幅上部为圆形,应该描绘圣母和圣婴被一群天使和两位先知(也许是伊萨亚斯和戴维)簇拥在中间,两边两幅长方形的画作,各有四个天使,他们有的在弹琴,有的在歌唱。可以合理地设想,埃万杰利斯塔和他的助手应该负责祭坛画的镀金、着色以及修复工作,安布罗焦则负责画两侧的天使,而列奥纳多则负责绘制中间的圣母像。公爵的档案中发现了一份没有日期的请求书(可能是在 1491 到 1493 年间),其中安布罗焦和列奥纳多说画已经完成,但是费用却远远超过了 800里拉,他们请求“最尊敬而伟大的巴里公爵”(“摩尔人”卢德维科)敦促教友会增加合同规定的酬金,画家们认为应该是 1200 里拉,可教友会最终只给了 100 里拉。不过,也有人说最后教士们允许画家们将“已经完成的圣母油画像”取回,而且已经有不少人打算购买这幅作品。

《圣母子,圣约翰和天使》
(《岩间圣母》)
约 1483~1486 年
木板油画,后转到画布上,199 × 122 cm
卢浮宫博物馆,巴黎

对于交付画作的时间，评论界众说纷纭。双方产生矛盾的原因也许是，祭坛画上的人物与1483年合同所规定的人物之间存在着明显差异，后者规定画面上应该有圣母、圣婴、一群天使和两位先知。1484年这个案子陷入僵局，德普雷迪斯兄弟于1503年再次提起诉讼，当时列奥纳多已不在米兰，他以调解人的身份去拜见路易十二国王，于是这个案子因为列奥纳多的缺席而再次搁置起来。最终，德普雷迪斯兄弟于1506年重启这场官司，同年4月27日，对作品进行了评估后，法院认为绘制该画的确已经超支，但作品也没有完成，列奥纳多尽管不在米兰也必须完成此画，修道院被判欠画家们200里拉的酬金。

毫无疑问，也许正是这个原因，才出现了目前保存在伦敦国家画廊里的第二幅《岩间圣母》。而且可能正是由于迟迟没有收到酬金或者酬金数额太少，列奥纳多于是索性将第一幅圣母图送给了法国国王，为应付交差又草草画了第二幅，但质量却大不如前。对于同时出现两个版本的圣母图，有些人认为是由于原画作丢失，才导致了这一结果；还有人认为也可能第一幅画是列奥纳多从佛罗伦萨带到米兰的，并以此为基础画了伦敦那个版本的圣母图。克拉克便是持这一观点，他认为列奥纳多把这幅画带到米兰是为了证明他拥有超过菲利皮诺·利比、韦罗基奥以及其他佛罗伦萨画家的高超画技。不过，这种观点却有两个明显自相矛盾的地方。首先，是背景中描绘的地貌，画中的氛围或者流水是列奥纳多在米兰透过观察获取素材后才绘制出来的，不过也有人认为这种风景源自佛罗伦萨。

《岩间圣母》
约1495~1508年
木板油画，189.5 × 120cm
国家画廊，伦敦

第二个理由看来是不容置疑的：无须任何增减，上部为圆形的画面尺寸与圣弗朗西斯科格兰德大教堂祭坛所预留的位置完全吻合。无论如何，卡夏诺·德尔波佐 1625 年曾在枫丹白露宫见过这幅画。应该是 “摩尔人” 卢德维科 1493 年将这幅画送给了哈伯斯堡王朝的马克西米连皇帝，祝贺他与自己的侄女布兰卡·玛利亚·斯福尔扎成婚。

这幅画描绘的是当时最流行的主题，小基督在大天使乌列尔的保护下，在途中遇到了施洗者圣约翰，圣母用手和斗篷保护着他。巨大的圆顶岩洞富有包容性，为故事展开提供了符合逻辑且极富韵味的场景，同时也形成了当时广为采用的金字塔形人物构图。

不过，这幅作品在构图上也存在一些错误，比如应该更加突出两个幼婴，画家的解决之道就是将圣母的手遮在耶稣头上，而耶稣的动作则是在祝福人类。这名神秘的天使在作品中所起的作用至关重要，她的眼睛望向观众，手则明确地指向了圣约翰。我们知道列奥纳多是以一种特殊的方式来画这个人物的。都灵皇家图书馆中保存的一幅草图展示了画家在这个人物构思阶段所要达到的效果。有些评论家指出这些草图表现出典型的“哥特式效果”，其要素体现在细节的自然主义处理方式，对于手、脚和头发的探究程度，这些特点很难在其他作品中找到。

直接模仿自然界的植物进行创作，不按照图表复制，尽管非常有趣，但列奥纳多还是根据象征意义选择了这样一些植物：比如，圣母脸部旁边的耧斗菜，象征着圣灵；而地上的报春花象征着恒心和美德。背景中的岩石，这些刻画逼真的基础景物则是列奥纳多地质学研究的成果。所以，山洞可以被解释为生命的发源地，大地的水样岩脉由此

《女人头像》
1483年
铅白笔，画在特制纸上的白色浅浮雕
18.1 × 15.9 cm
皇家图书馆，都灵

流淌开来，人类的躯体赋予大地以生命，这里被看作是时间和生命之地，大地发生巨变的地方。为了增强这种感觉，画家巧妙地为人物周围的所有景物都赋予了极富装饰性的生命力：从远处岩石缝隙投射进来的光、花朵、圣母的斗篷、岩石或者天使的斗篷。

音乐家肖像

（弗朗切诺·加弗里奥）

这幅作品的作者到底是谁一直备受争论。反射测试仪做出的分析结果显示，这幅画的确是由列奥纳多构思的，他还画了人物的头部和半身像；另外有人用不同的颜料画上了手和乐谱。卷曲而富有光泽的头发衬托出音乐家的面庞，他干净、率真而明澈的目光赋予人物深邃的个性。

当然有关这幅作品的数据是个空白，也无从考证是谁订购了这幅画。它并不是列奥纳多的经典作品，但却是保存最完好的作品。这幅画与佛兰德派肖像画有着某种联系，这是凡·爱克创建的绘画流派，在佛兰德斯成长起来的画家扎内托·布加托将这一流派的绘画引入米兰宫廷。幽暗的背景，头部细致入微的描画、赋予表现力的眼神以及双手的刻画都是这类肖像画的典型特征，其构图方式也影响到安东内洛·德梅西纳。然而，十五世纪末的米兰画界，一幅如此精准的肖像画只能出自列奥纳多之手或者其工作室。此外，还应该注意到这幅作品与《抱银鼠的女子》或者《额饰女郎》在风格上非常接近。

1905年，对这幅画进行清理的时候，在乐谱上发现了这样的文字“CANT……ANG……”（天使赞美诗），于是人们相信画上的人物是“摩尔人”卢德维科。此后，人们又做出了各种推断，其中最为人所接受的观点认为画中人是弗朗切诺·加弗里奥，米兰大教堂合唱团团长，列奥纳多的朋友。

《音乐家肖像》
（弗朗切诺·加弗里奥）
约 1485~1490 年
木板油画，43 × 31 cm
圣安波罗修博物馆，米兰

戴珍珠头饰的夫人像

（比阿特丽斯·德埃斯特）

几个世纪以来，这幅名画一直与《音乐家肖像》联系在一起，很长时间里人们都认为这也是属于“摩尔人”卢德维科的画。至于画中的女子，根据博罗梅奥捐赠的文献，该画曾被认定为“米兰女公爵的半身像，出自列奥纳多之手”，曾有一段时间人们认为那是比阿特丽斯·德埃斯特的肖像，这样就将两幅作品联系了起来。

当人们发现那幅所谓的公爵画像其实画的是一位音乐家，有关这幅画的传统说法自然就被推翻了。从此人们将两幅画分开来进行独立研究。

莫雷利认为这幅画是德普雷迪斯的作品，并相信画中人是布兰卡·玛利亚·斯福尔扎，依据是 1525 年莫雷利在威尼斯的“孔塔里尼之家”见过这幅画，并对其详加描述。

《戴珍珠头饰的夫人像》
（比阿特丽斯·德埃斯特）

约 1490 年
木板油画，51 × 34 cm
圣安波罗修博物馆，米兰

关于这幅画像的作者评论界众说纷纭。有人坚持认为如果是列奥纳多画了这幅侧面肖像，那真是一件奇怪的事情，他居然也遵循了当地传统的肖像画画法。在一部有关大师的专著中，德拉切萨坚持认为列奥纳多的作品或许会受到伦巴第环境、色彩和自然界的影响，但却无论如何不会依从日渐没落的传统绘画技法。

综上所述，从十九世纪开始，人们就试图证明这幅画是德普雷迪斯的作品，后来又认为是出自洛兰佐·科斯塔之手，但却始终没有人能够完全否认这是列奥纳多的作品。人物面庞的自然主义绘画风格，珍珠发饰和头发的精细画法都的确是大师的手笔。

珍珠发饰和头发的精细画法

哺乳圣母

（丽塔圣母）

这幅画一直是维斯孔蒂家族的收藏，后被米兰的丽塔家族作为遗产继承了下来。该画一直被公认为是列奥纳多的作品，十九世纪中叶俄国沙皇亚历山大二世得到此画并保存在俄罗斯圣彼得堡艾米塔吉博物馆。在那里，画被从木板誊到画布上，这一过程令画作多处受损。在卢浮宫保存着一幅画有女人头像的精美草图，它与该作品极为相似，这足可以证明该画是列奥纳多的手笔。然而，二十世纪的评论家却怀疑这种说法，并认为这幅作品是他的学生德普雷迪斯或者马尔科·德奥焦诺画的。还有批评家认为该作品是列奥纳多画的，但后半部分却是由博尔德拉菲完成的。

毫无疑问，绘制这幅名画的经验来自画家同样题材的另外几幅作品，《德雷福斯圣母》或《康乃馨圣母》，尽管列奥纳多在第一幅《岩间圣母》图中就已经开始尝试画出这样的面容。在《哺乳圣母》图中，可以发现人物造型，以及人物与背景所产生的隔离感都更为现代。然而，画的色彩是十五世纪常用的浓郁色调，而且色彩并没有随着岁月流逝而消退，依然在她脸上可以清楚地发现光影扩散的痕迹。

《女人头像习作》
约 1490 年
银刻笔刻在绿色的特制纸上
18 × 16.8 cm
卢浮宫，巴黎

《哺乳圣母》（丽塔圣母）
约 1490 年
木板油画，后转到画布上
32 × 33 cm
艾米塔吉博物馆，圣彼得堡

抱白貂的女子

（切奇利娅·加莱拉尼）

《抱白貂的女子》十九世纪末被亚当·恰尔托里斯基王子得到，他是亚当·卡齐米日·恰尔托里斯基和伊萨贝拉·恰尔托里斯卡的后代。画作可能于大革命时期在巴黎所得，并被转运到普拉瓦城堡。王子的夫人在城堡保存了一批名贵的艺术珍品。

也许左上角“抱白貂的女子——列奥纳多·达·芬奇”的假题词就是在这个时候加上去的。1830 年，它被转移到巴黎，1842 年存放在兰伯特饭店。1870 至 1876年，它回到了克拉科夫。恰尔托里斯卡王妃的一个记录表明，这幅画最初来源于意大利。画是恰尔托里斯卡王妃的儿子送给她的。

它完全有可能是一幅列奥纳多式的伦巴第流派或手法作品。尽管它被认为是列奥纳多的弟子博尔特拉菲奥或德普雷迪斯的作品，列奥纳多曾参与甚至创意了这幅画，这点看来是无可争议的。人们这样认为是因为这幅画与列奥纳多为切奇利娅·加莱拉尼所作的其他画像相似。这种看法并没有得到历史学家的认可，然而却在当代研究人员的研究数据中得到广泛记载。如果这样，它就是列奥纳多为加莱拉尼所作的画。它于 1498 年被交给曼图亚侯爵夫人伊萨贝拉·德斯特，让她把这幅画与乔瓦尼·贝利尼的画像比较，做出判断。

这幅画得到宫廷诗人贝尔纳迪诺·贝林乔尼的赞美，它表明“切奇利娅本人当时正处在一个并非完美的年龄段，后来我把她的形象大为改观”。列奥纳多为她画像的时候，她大约 20 岁。加莱拉尼是法奇奥（米兰贵族，佛罗伦萨的老大使）的女儿，卢德维科的情人（她还与卢德维科有个孩子，叫塞萨尔），她最终成了米兰最聪明、最有影响的女人之一。

《抱白貂的女子》
（切奇利娅·加莱拉尼）
1490年
油画，54.8 × 40.3 cm
恰尔托里斯基博物馆，克拉科夫

她16岁的时候，卢德维科把萨朗诺的封地赠予了她，当代人对她也是赞美备至。她通晓拉丁文，能用意大利语赋诗。她的宫殿是名副其实的宫廷，她在那里接见米兰的名流人物。

在那里，士兵们谈论战争的艺术，音乐家们唱歌，建筑学家和画家绘画，哲学家们讨论天性，诗人们吟咏着自己和其他人的作品。

肖像的完美节律构图似乎在空间中考究地展开，它随着左臂的基本线条（列奥纳多也许就是故意让它不完整）和画布的层次而减弱（不过它仍然保持着光照环境的吸引力，黑色墙壁上反映出的他的肖像显得格外突出）。X光射线检查表明，列奥纳多本来想在夫人左肩后面画出一个窗户。这样可以让强烈光线的出现显得很自然，使这幅作品更接近于他的宗教作品。贝林乔尼提出，

胡安·安布罗焦·德普雷迪斯
《卢德维科·斯佛萨画像》
1493年
微型画
皇家图书馆
特里布尔索

夫人的这个姿势像是一个人在倾听着画面外的什么东西。夫人左臂上的白貂无论从比喻角度还是从表现角度来讲都是一个值得注意的关键因素。一方面,它随着画中夫人手臂的弯曲而转动;而另一方面,它的形象可以看作是语音上一种对夫人的姓的间接提示。因为“白貂”在希腊语中的发音近似于“加莱拉尼”。

同时白貂的形象也被看作是整洁和谦恭的象征,因为按照传说,它远离污秽,每天只进一次食。从十五世纪末开始,白貂被理解为暗指卢德维科·斯佛萨,她把白貂当作是自己的一个象征。

另外一些学者断言这不是一只白貂,而可能是只白鼬,这种动物在中世纪的欧洲非常普遍。按照动物学家的说法,白鼬可以家养,而白貂则是只能在意大利北部那种温度的寒冷环境里生长的野生动物。

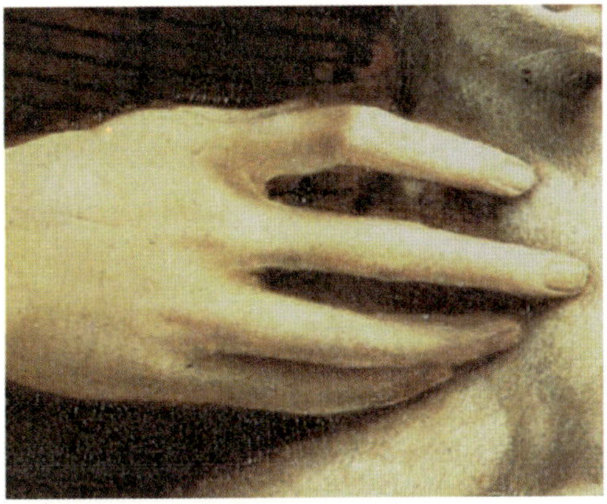

画面优美的节律构图

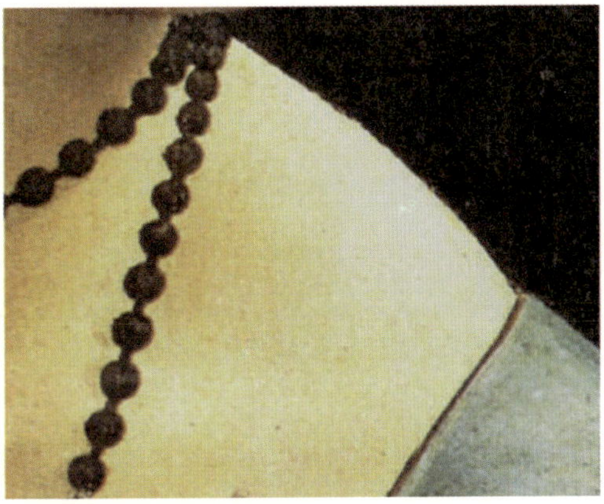

反映在黑墙壁上的光线

整洁和谦恭的象征

夫人像

（抱白貂的女子）

这幅画是否为列奥纳多所作，这在十六世纪末引起了很大的争议，有人说它是博尔特拉菲奥所作，或者是列奥纳多所作，但最终由博尔特拉菲奥完成。总的来说，二十世纪的评论家们，如贝伦森、克拉克和佩德雷蒂，都认为它是列奥纳多的作品。卢浮宫的检验室对画像进行的检测进一步证实，它与《焦孔达夫人》有一种微妙的相似。另外还有数据表明，她的右耳没有像原作那样被头发盖住，这是经过修复后出现的情况，或者在面部的右侧有些变化。不算那些非常盲目的猜测，说画中人可能是伊莎贝尔·贡萨加或比阿特丽斯·德埃斯特，更有可能的是画中人是卢克雷西亚·克里韦利，她是卢德维科·斯佛萨的情人，有资料证明列奥纳多曾经为她画过一幅画像。

从风格上来讲，这幅画像更接近于《音乐家画像》和《抱白貂的女子》，特别是在面部的整体线条和光线结构方面，这种光线结构在画像与背景之间造成了一种强烈的光线反差。而从空间上来讲，人物与白貂相比显得更失色些。人物的转动效果显得不连贯和不明显，尽管这种效果可以通过头和目光的运转来实现，促使观众向右侧移动，改变目光的对称位置，以捕捉到那诱人又威严的眼睛转动。

作品的创作时间是1495~1500年。两幅米兰的画像反映出了创作者的式样和风格，其中一幅是博尔特拉菲奥所作，因此它更有可能是在1495年创作的。

《夫人像》(《抱白貂的女子》)
1495年
油画，63 × 45 cm
卢浮宫，巴黎

最后的晚餐

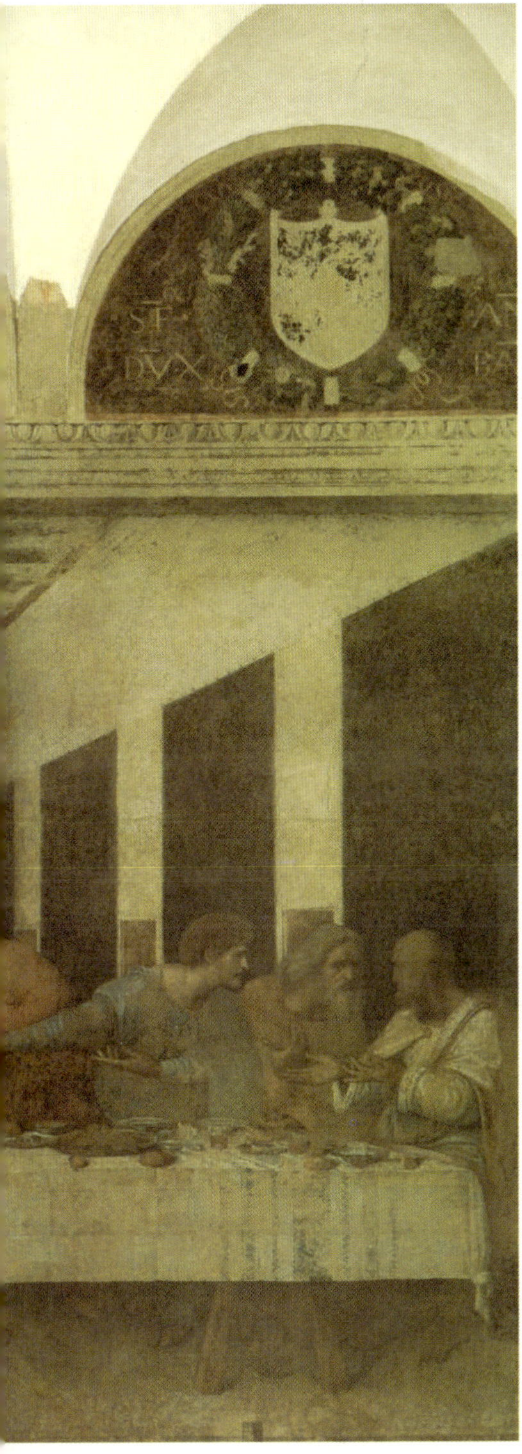

作品是受卢德维科·埃尔莫罗之托为圣马利亚感恩修道院创作的，这一点有弧形窗上方的公爵徽章为证。有两份材料记载了创作日期。第一份材料是卢德维科·埃尔莫罗 1497 年 6 月 29 日写给马尔卡西诺·斯坦帕的一封信，委托他办理“附件上的事情”，为此“我们必须全力请求佛罗伦萨的列奥纳多完成在餐厅业已开始的作品，然后再让他去负责餐厅另一座墙上的作品，由此履行他亲手签订的合同，合同要求他在他认为适当的时候完成这部作品”。很明显，其实该作品已经在创作中。

卢德维科拆除了由 G. 索拉里修建的古老教堂的拱顶，并自 1492 年起，让布拉曼特重新建立起拱廊和穹顶，以美化相邻的修道院和新餐厅。

《最后的晚餐》
1495~1497 年，修复的壁画
从左向右的使徒是：巴多罗买、小雅各布、安德烈、犹大、彼得、约翰、基督、多马、大雅各布、腓力、马太、多太和西门
圣马利亚感恩修道院，米兰

这项创作约于1495年完成。完全可以肯定的是，整个作品已于1498年之前完成，因为在写给卢德维科·德莫罗的那封提出了黄金定律的信里，卢卡·帕乔利——他是列奥纳多的朋友——认为作品已经完成。在同一封信件里，帕乔利指出：“即使用最大的努力也不可能想象，听到那不可言喻的声音说‘你们中间有一个人要出卖我了’时门徒们的样子。看他们的动作和表情，面面相觑，带着逼真又痛苦的惊讶，像是在说：这真是列奥纳多的神来之笔。”

而瓦萨里则提到，列奥纳多知道如何在这部作品里表现“门徒们怀疑谁是他们老师的叛徒”。在他们的脸上，可以看到热爱、恐惧和鄙视，或者是由于他们无法理解基督的意图而感到的痛苦。在认清犹大的固执、仇恨和叛变行为后，他们并没有感到任何惊奇。

列奥纳多画室《最后的晚餐》

习作，1494年

红铅笔纸画，26 × 39.2 cm

艺术协会画廊，威尼斯

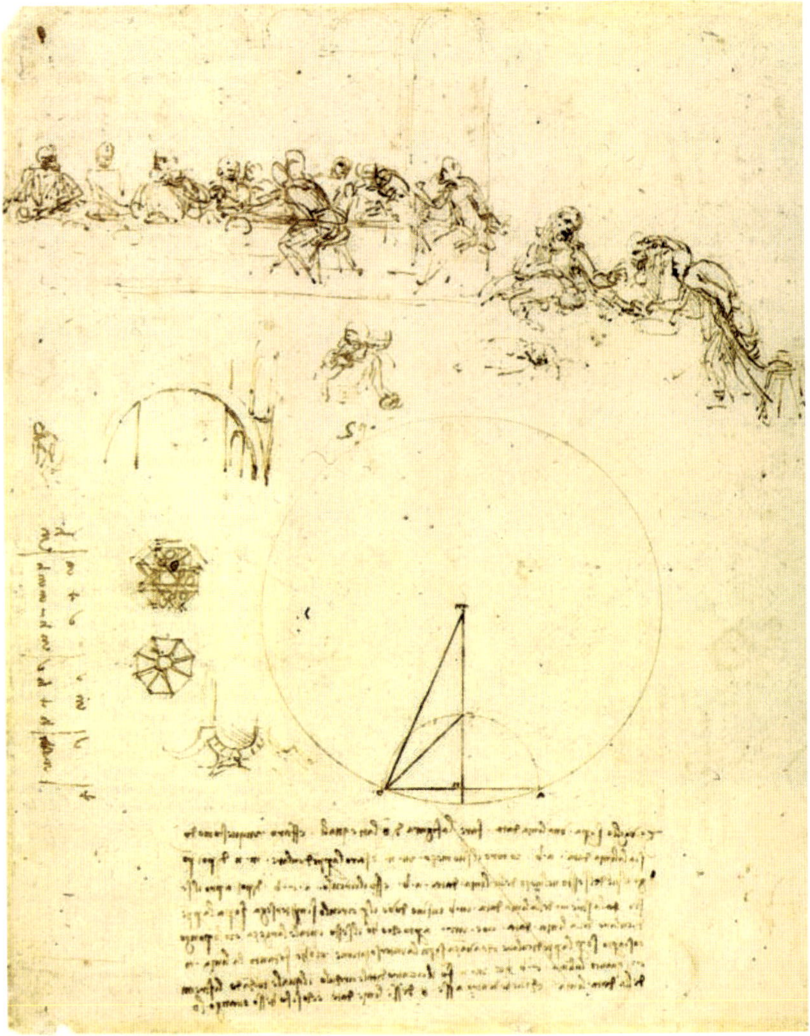

《最后的晚餐》
和其他画的习作
1495年
铅笔彩画
26.6 × 21.5 cm
雷欧尼卷
温莎藏品，伦敦

两位作者指出了一个共同事实：《晚餐》的身体和心理运动是由基督的话所造成的。他的话以某种方式影响了门徒们，产生了各种恐惧或热爱的感觉。他刚刚并无仇恨说出的话在空中颤动，仿佛完成了一项使命，又像是接受了圣父的命令。

如果有人以更复杂、更连贯的方式来理解这幅作品的话，那他就是德国人歌德，我们应该把他十八世纪末写的一段文字记载如下：

“我可以想象到，修道院餐厅弥漫着谨慎而不慌乱的沉静，于是我赞叹画家能够在他的作品中表现出强烈的情绪和明显的生命力，而且在尽可能的程度上接近于自然，同时还造成了与最切身的现实生活情景相对照的一种反差。

“他采用的能够打动餐桌前平静的圣徒们的动人手段是基督的话：‘你们中间有一个人要卖我了。’一语既出，围在基督周围的人惊愕不已。然而基督低着头，目光朝下，表情复杂，他胳膊和手的运动，更像是在重复那句不祥的话语，而此时的沉静只能是证实了这一点：‘是的，你们中间有一个人要出卖我了。’不过在继续谈论其他之前，我们来分析一下列奥纳多为使他的画具有活力而采用的方式：手的运动。按照这个观点，我们面前这幅画绝对是独一无二的，以至于面对这样的场景，我们绝不会仅限于欣赏。相貌与表情几乎完美地

《最后的晚餐》中的门徒腓力
1495年
黑粉笔画，19 × 14.9 cm
雷欧尼卷
温莎藏品，伦敦

《雅各布习作》
1495年
红粉笔铅笔油墨画
25×17 cm
雷欧尼卷
温莎藏品，伦敦

结合在一起，仿佛同时还在它们之间建立了极其和谐的协调与反差。上帝两边的人物可以分成是三人一组，这样他们就成了被不同的关联关系集合在一起的整体。

“基督的右侧是约翰、犹大和彼得。约翰离基督并不是最近的，不过听到上帝的话后，他猛然站了起来，这与他的刚烈性格相符。他在犹大身后，而犹大惊恐不已，目光向上倚靠着桌子，用右手扶着口袋，可是左手却不由自主地抽搐着，几乎要问‘怎么回事’‘会出什么事’。而此时彼得用左手抓着约翰的后背，约翰也向他转过身来，两个人表示，基督好像是让他偏爱的门徒问问彼得，是谁出卖了自己。彼得右手拿着餐刀，无意中刀柄碰到了犹大的肋部，而犹大正弯身向前，他的样子像是受到了惊吓……由此达到了一个恰如其分的效果。这组人像被认为很理想，首先是因为：它确实很惟妙惟肖。

“而在画面的左侧，在一种非常动人的气氛中，似乎正在准备着马上就要进行的复仇。而右侧则相反，体现的是对出卖行为的恐惧和厌恶。大雅各布惊恐地向后退缩，张开双臂低着头向下盯着，仿佛他能够用眼睛感知到他刚刚听到的可怕事情。他身后是多马，多马的身子倾向基督，用右手的食指向高处指着。这组人物中的第三个人物腓力被表现得很完美：他站着，身体向前倾向基督，把手放在胸前，好像在说：‘上帝，不是我。这你知道，你看看我纯洁的心。不是我。’

“这侧的最后三个人物表现的是惊讶。他们互相议论着刚刚听到的可怕消息。马太带着急于知道真情的表情向他的两个同伴转过身去，伸出双手向基督迅速地做了个手势。

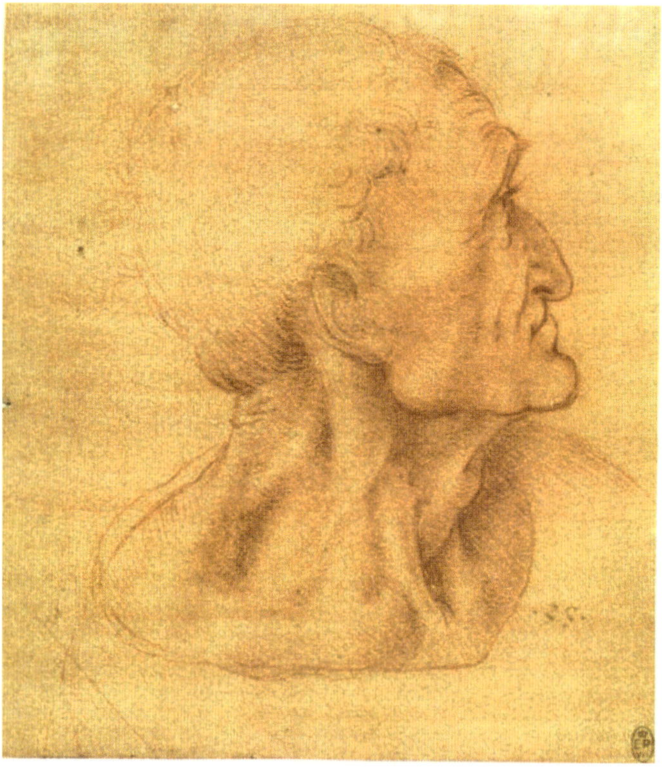

《最后的晚餐》
犹大头像习作
1495年
红粉笔红纸画
18.1 × 15.1cm
雷欧尼卷，温莎藏品，伦敦

《最后的晚餐》
彼得习作
1495年
蓝纸铅笔金属端
油墨画
14.5 × 11.3 cm
阿尔贝蒂娜
造型藏品
维也纳

“就这样，透过一个巧妙的设计，把这组人与前面几组人联系在了一起。多太表现出极大的意外、恐慌和怀疑：他张开的左手放在桌子上，举着右手，仿佛是想用右手的手背做一个迅速向左的动作，这种动作我们在现实生活中说到‘你原来不是这样说的吗’或者‘你不是一直怀疑他吗’时常常出现。西门很郑重地坐在桌子的一端。他纵观晚餐。他比其他人都老……他的外表和表情显示他很迷茫，若有所思，不过他并没有害怕。

“我们把目光转移到餐桌的另一头，就会看到巴多罗买，他右脚直立，左脚弯曲，身体向前倾，两手扶在餐桌上。他努力听着，像是要弄清约翰从上帝那儿听到的事情，因为好像这部分人都在注意着上帝的宠徒。小雅各布在巴多罗买旁边，不过是在巴多罗买的身后，他把手放在彼得的背上（而彼得又把他的手放在约翰的背上）。不过小雅各布面目善良，似乎只想知道消息，而彼得仿佛威胁说要报复。更有甚者，由于彼得是在犹大身后，小雅各布又在安德烈身后伸出一只手，这样安德烈就成了最前面的几个人物之一，他的胳膊半抬着，张开手，表现出他所遭受的极大恐惧。这种表情只在画面上表现一次，尽管它曾在几个小作品上出现过，不过那些就不是那么精心打造的了。”

歌德只是还没有分析基督的形象，我们也知道，基督的形象对列奥纳多是很困难的。基督低着头，眼睛半睁半闭，样子像列奥纳多的《圣女》那类作品中的形象。那种细腻的情感赋予画中人物迷人的美，但同时也表现出剧烈的痛苦。他没有指责，没有仇恨，无可奈何，尽管他不能理解这种罪恶，也由于不能把它从人类世界上铲除而伤心欲绝。

在威尼斯艺术协会画廊有幅画，也是列奥纳多画室创作的，但作者不详。画面上的犹大依然是与其他门徒分开的。圣约翰不知所措，把头埋在双臂之间，什么也不想看。年轻的基督垂下眼睛，好像强迫自己不去看他指责的那个人。基督的姿势略显伤感，这是痛苦的基督，仁爱纯真之上帝，在小人眼里看来，他深感意外，难以置信，尽管他痛苦无限，也要像个被神圣化了人一样忍受痛苦。

《最后的晚餐》
1495~1497 年
凡配拉灰浆油画
圣马利亚感恩修道院，米兰

如果综观几个世纪来的作品状况，就会发现它在保存方面存在的严重问题。我们知道，壁画在它创作完成几年后就受到了严重损坏，而在随后几个世纪的过程中，由于损伤和修补，画的状况更加恶化，最终列奥纳多原创的大部分画面都被覆盖住了。只是在最近，经过一段长时间的复原后，作品的部分原貌才显现出来。问题出现在列奥纳多本身的创作方法上。我们通过小说家马泰奥·班戴洛（1498 年）的文章了解到，列奥纳多的创作完全不是持续进行的：有时候他画一整天，“画笔不离手，忘记了吃饭和喝水”；有时候在创作过程中，他又一天几个小时地静止观察着画作。而另外几个小时，“他又随心所欲异想天开地拿起画笔，对某个人物画上一两下，接着立刻离开到别的地方去了”。很显然，这种做法与传统的壁画技术不兼容，传统技术需要画的速度，在创作过程中不能出现太大的变化，这样才能保证画的长久保存。

《最后的晚餐》(局部)
巴多罗买听着，力图弄清楚
小雅各布面目和蔼，仿佛只想听到什么消息
安德烈把他极大的恐惧感表露无遗

《最后的晚餐》(局部)
犹大的左手不由自主地做了个抽搐的手势
彼得听到上帝的话后猛然站了起来
约翰表示基督似乎是想让他
问问彼得是谁叛变了他

列奥纳多为此在创作《最后的晚餐》的过程中曾使用了壁画干画法，把胶画颜料和油画颜料结合使用，画在双层灰浆面上。这种手法更适合于他慢慢思考的工作方式，不过从画的保存角度来讲就显得不适合了，它会过早地造成严重损害。

早在大约1515年，安东尼奥·德贝亚蒂斯就发现《最后的晚餐》是幅完美绝伦的作品，不过它已经开始受到损坏。我也不知道是由于墙壁的潮湿还是由于其他的不在意造成的。

瓦萨里五十年后肯定地说，已经看不到作品了，“看到的只是一堆混杂的污渍”。与此同时，画家和理论家阿尔梅尼在1587年表示画面已经完全被破坏了。斯坎内里（1657年）引用阿尔梅尼尼的话，表明他发现那幅作品时所体会到的痛苦感觉，画面上的人物痕迹几乎荡然无存，它们混乱不堪，只有费很大

《最后的晚餐》(局部)
马太转过身来
脸上带着急于得知真相的表情
达太表现出意外、迷茫和怀疑
与此同时,西门坐在那里
流露出庄重的样子

《最后的晚餐》(局部)
多马向基督探过身去,用食指指向上方
大雅各布惊恐地向后退缩,他张开双臂
目光呆滞;腓力站着,身体倾向基督
双手放在胸前

的气力才能分清画面内容,分清头、手、脚和其他裸露的部分……“我看到几乎所有的东西都被磨灭了。现在,我觉得它们都已消失了”。类似的议论即使再过分,也只是出现在十八世纪,因为从那个时候起开始了修复工作。

第一个参与大规模复原的人是米开朗基罗,他用油墨把整个画面重新油饰了一遍。1770 年,朱塞佩又进行了复原,他对画面进行了刮擦,把米开朗基罗添加的部分去掉。这个过程简直是戏剧性的,幸好新修道院长加利亚尼及时地拯救了这幅画。十九世纪的修复工作主要集中在了解画作退化的技术原因上。阿皮亚尼或巴雷西负责这项工作,而伦巴地区古迹管理处主任卢卡斯·贝尔特拉米在 1896 年打开了餐厅的窗户,以恢复它的照明条件。

经过贝尔特拉米的检查后，L. 卡韦纳吉开始了壁画的加固和清洗试验，整理出了有关作品的重要技术数据。1943年的轰炸破坏了餐厅的大部分地方。之后修复工作又继续进行。大规模的复原和清洗工作是在二十世纪九十年代进行的。

有关列奥纳多壁画准备工作的资料并不少。使徒腓力的画像是首先使用了调和颜料的作品之一。当然列奥纳多后来又寻求创造一种描述方式。在那种方式中，各类性格相互冲突，至少要表现出不同的性格。“在描述中，应当出现性格、年龄、肤色、态度不同的人物……”无疑温莎藏品的犹大的习作是最精彩的习作之一。而彼得的草图就有很多问题，这首先是由于使用后又被另外一个有更强烈变化的草图代替，还有就是受后来米开朗基罗的影响。

佚名

《最后的晚餐》列奥纳多，摹本

油画，418 × 794 cm

达·芬奇博物馆，通厄洛

《最后的晚餐》
（局部）
基督有极好的
敏感力，
这使他的形象
有种迷人的美，
不过也表现出了
强烈的痛苦

画厅

1476年加莱亚索·玛丽亚去世时，她的儿子吉安·加莱亚索只有10岁，于是吉安·加莱亚索的叔叔卢德维科·德莫罗利用这个机会宣布自己是第一摄政者，随后又宣布自己是米兰公爵的合法继承人。根据编年史家贝尔纳多·阿尔卢诺的讲述，卢德维科于是需要建立一个现代宫廷，他为米兰招引知名数学家、学者、医生和哲学家，例如人文学家康斯坦丁·拉斯卡里斯和德美特里·卡尔孔狄利斯，数学家卢卡·帕乔利和建筑师布拉曼特。在这种环境所需要的这类人中就有列奥纳多。列奥纳多为卢德维科从事了多种不同的工作，种类纷纭：庆典用的机械、城市规划开发和纯粹艺术用途的各类作品。这样我们就得知，就在卢德维科的城堡里，他完成了整个一座大厅的装饰工作，那个厅被称为“画厅”。

装饰从其地面开始。列奥纳多在地面上画了一些岩石，又把整个大厅里画满了大树，枝杈分呈，树枝和枝叶（桑树极绿的枝叶）又在穹顶上交织在一起，夏日蓝天的光照从枝叶之间透射进来。大厅的整体装饰传达出一种绝妙的有机一体的感觉：它本身完全就是一个自然世界。

《画厅》
丹配拉壁画
东北墙面
斯福尔扎家族城堡
米兰

《画厅》
丹配拉壁画，穹顶
斯福尔扎家族徽章
斯福尔扎城堡
米兰

黄金定律

在卢德维科宫廷里，列奥纳多与数学家卢卡·帕乔利建立了友谊。列奥纳多对这项学科的更多了解也得益于卢卡·帕乔利。他与列奥纳多合作，在1498年绘制了《黄金定律》的插图，不过这本书1509年才在威尼斯印刷。

这幅图是对被称为“黄金比”的数学比率所进行的解析。它之所以被称为“黄金比”，是由于它以绝佳比例保持了无数相似性对应。这样，“黄金比”就成了“唯一的、不可能赋予它其他类型和区别”的比率。这本书有趣的序言描述了米兰的精神生活和由卢德维科本人所召集的学术会议，并在我们面前把列奥纳多描述成宫廷的一个中心人物。

列奥纳多严格按照数学家的指示精确绘制了插图，它那奇异的美妙图形明确表现了列奥纳多的复杂思维能力，它既能体现绘画，又能进行科学分析。它还突出地表明，这是历史上第一次对自希腊时代以来一直研究的几何图形所进行的图标。

《黄金定律八面体》
1498年，画图
圣安布罗斯图书馆，米兰

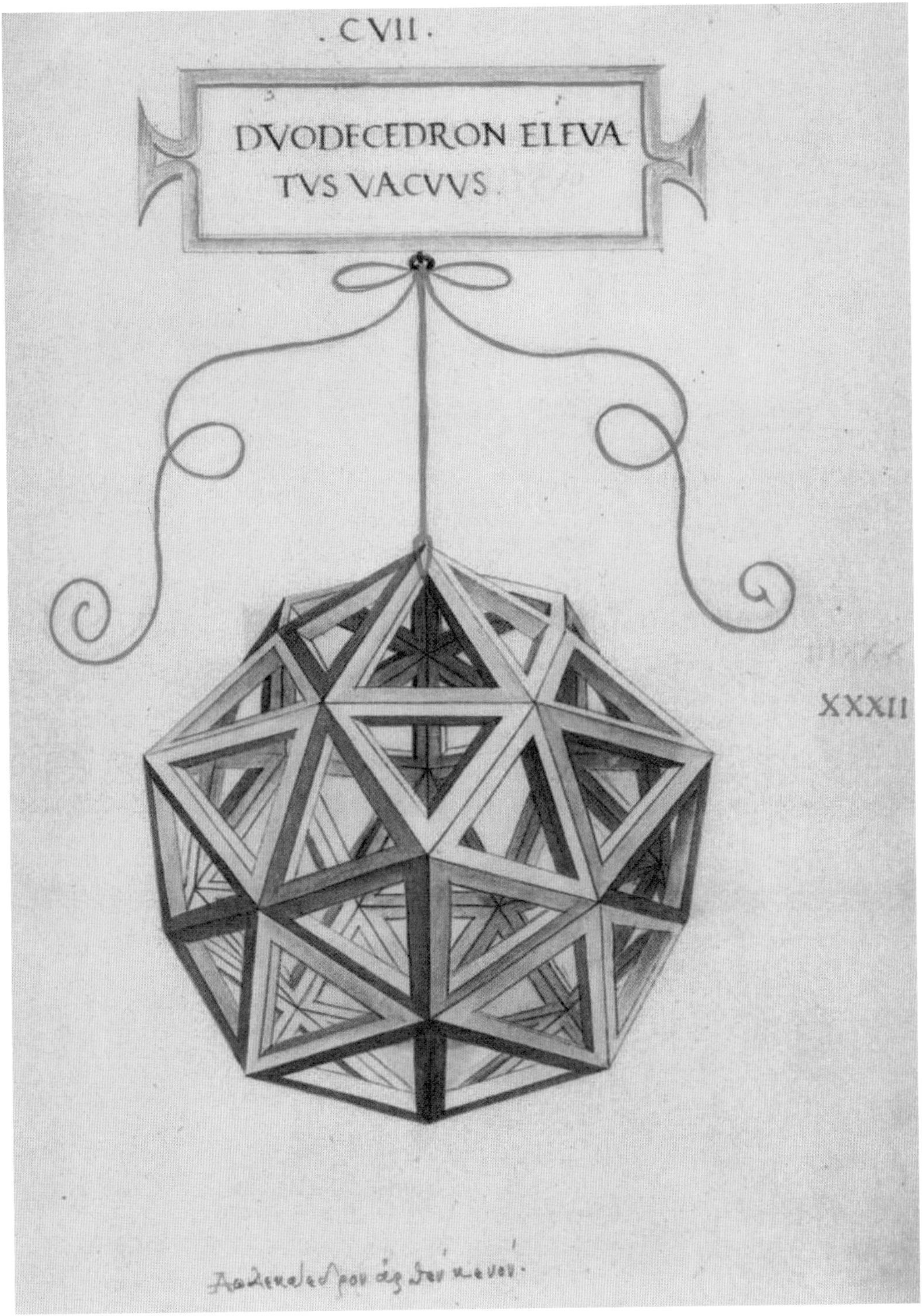

《黄金定律八面体》

1498年，画图

圣安布罗斯图书馆，米兰

伊莎贝尔·德埃斯特

列奥纳多离开米兰后，直接去了曼图亚。他认为伊莎贝尔·德埃斯特已经在曼图亚取得了“异想天开的雕塑艺术”捐助人的美名。大概是在1499年12月，列奥纳多画了这幅图样的草图，画面上的伊莎贝尔按照曼图亚宫廷画的传统呈侧像。这样的表现形式不仅可以让人了解被画者的形象，还可以展现出宫廷阶层的社交举止。画样的目的之一也许就是要传递出一种凝思的观念，列奥纳多由此排除了所有可能扰乱这种宁静的因素。

这幅画样还保存着大量的摹本。在这些摹本上，伊莎贝尔身着宽胸领服装，呈坐态，侧面头像，双臂交叉，这种姿势在随后的一个年代里一直影响着威尼斯画家的绘画创作。其中一幅图样被卢浮宫收藏。由于它经过反复修复，已经很难对其真实性做出准确判断。自1500年开始，这幅画像被多次提起。在伊莎贝尔本人与弗拉·普列托·德诺维拉拉的著名通信中，就曾要求弗拉·普列托委托列奥纳多为她的私人陈列室画一幅画像。看来侯爵夫人的画像不止有一幅，而对于这幅画像，洛兰佐·古斯纳斯科称之为“完美得无以复加”。

关于某幅画像就是以这个画样为基础的猜测现在已经得到了证实，因为现在这幅画已经被模板上的图案磨出了洞，露出了下面的画样（额头和鼻子部位已用油墨修补过）。也许列奥纳多最后完成的是一幅自主创作的画像，因为磨破的洞并不是准确地位于画像的线条上。有些学者指出这幅画只有头像是列奥纳多画的，而服饰、身躯和手则是出自他的某个中流弟子之手，这个弟子还画了画像的轮廓。评论界曾多次强调，这幅画像的人物设计与《焦孔达夫人》相似，并由此推断出卢浮宫现存的画样只是这幅画像的预备习作。不过这种理论现在已经被否决了。

《伊莎贝尔·德埃斯特画像》
1500年
黑粉红铅笔黄蜡笔
德森陈列室，卢浮宫，巴黎

纺锤圣母

1501年，加尔默罗会的代理主教弗拉·普列托·诺维拉拉在给伊莎贝尔·德埃斯特的一封信中提到，列奥纳多正在为路易七世的国务秘书弗洛里蒙·罗贝泰摹制一幅《纺锤圣母》。他是这样描述这幅画的：

“圣母马利亚坐着，准备绕线轴，而圣婴一只脚放在线轴筐上，拿起一个线轴，认真端详着那十字架形的四个条辐，好像很喜欢它。他微笑着，紧紧抓着它，不把它给母亲，而母亲似乎想把它夺过来。”

关于这幅构图的资料留下的很少，只有大不列颠博物馆的画室除外。然而，在有关这幅构图的近十二张的构图里，只有几幅构图里画有线轴筐，但没有一幅作品画有圣婴放脚的线轴筐。

按照评论家的说法，保存在纽约的画像最有可能是列奥纳多的原作，尽管这幅画也被列奥纳多的某个弟子修补过。认为纽约这幅画是列奥纳多原作的说法近来得到多次肯定。无论怎样，诺维拉拉都认为是列奥纳多的弟子们绘制画，而列奥纳多则忙于其他的事情，很少动画笔。正是因此，研究表明，没有任何一幅《纺锤圣母》是由列奥纳多完成的，而只有由他的画室完成的作品。

圣婴端详十字架形的四个条辐

列奥纳多画室《纺锤圣母》
1501年
油画，48.3 × 36.9 cm
巴克卢公爵收藏
德鲁姆兰利格城堡，苏格兰

萨莱是列奥纳多的弟子，艺术史学家们已经忘记了他，然而他是诺维拉拉在谈到这幅画时唯一提到的艺术家。所以无论是巴克卢的收藏还是纽约的收藏，都可以被认为是列奥纳多画室的作品。

《纺锤圣母》习作
1501年
红铅笔金属色铅笔粉红纸画，25.7 × 20.3 cm
大不列颠博物馆，伦敦

《纺锤圣母》(列奥纳多画室)
1501年
油画,50.2 × 36.4 cm
私人收藏,纽约

焦孔达夫人

（蒙娜丽莎）

瓦萨里把这幅画描绘成是一幅典范之作，“所有想看到艺术究竟在何种程度上可以模拟出天性的人，都可以从她的头部懂得这一点……因为在她的头部上展现出了具有那种光彩的眼睛，而那种光彩在现实中可以看到。在她的眼睛周围是苍白的玫瑰色。她那种头发，如果没有天资是不可能画出来的。眉毛更值得称赞，可以看到眉毛是从肉里长出来的……完全张开的玫瑰色柔嫩鼻子仿佛是真的。她尽情咧开的嘴与嘴唇的红色连在一起，把面部变得栩栩如生，显得已经不是颜色，而是真肉”。

如果我们能在适当的条件下感受到这种情况，她那粉红的肉质、面颊的红润、生命的激情，都会完全地再现出来，这是瓦萨里应该能够看到的。

然而并不只是这些，因为生活的激情似乎并不只是得到了一种喧嚣对生活“倾诉”的感觉，那种生活来自远方，来自似乎沸腾的山谷，来自火山，来自于自然，而在大自然的迷雾中，各种反反复复层出不穷。人类生活得到的只能是结果的感觉。影像和机体并不是与人类生活相分割的部分。这就是面对这幅世纪画作所感到的它的伟大。

此外，《焦孔达夫人》还是五个世纪以来唯一一幅对于它属于列奥纳多创作这一点没有严重争议的作品。来自各方的证明数据各不相同，甚至是矛盾的。安东尼奥·德贝亚蒂斯 1517 年 10 月 10 日在克卢拜访列奥纳多时，除了看到了《圣胡安·包蒂斯塔》和《圣母与圣婴》外，还看到了“一位根据模特儿复制出来的佛罗伦萨夫人，它是受朱利亚诺·美第奇的委托而画的。尽管如此，瓦萨里还是写道：列奥纳多是为弗朗切斯科·德尔·焦孔达画了《蒙娜丽莎》，蒙娜丽莎是焦孔达的夫人。经过四年的劳作，列奥纳多画得并不完美”。尽管如此，下面这点细小的描述似乎与这个意见相悖。在《匿名卡迪亚诺》（1540 年）上可以看到，列奥纳多是根据模特儿画的《弗朗切斯科》和《彼得罗·德尔·焦孔达》。保罗·洛马索（1584 年）写道：在丰蒂内布拉乌还保存着列奥纳多的两幅画：《焦孔达夫人》和《蒙娜丽莎》。卡西亚诺·德尔波索（1625 年）指

《焦孔达夫人》（蒙娜丽莎）
1505年
油画，77 × 53 cm
卢浮宫，巴黎

出，作品是弗朗切斯科一世用4000金盾换来的，并指出“这是可以看到的这位作者的最完美的作品，真是没的说”。当然在十八世纪，这幅画还放在法国，大约1800年的时候，拿破仑下令把它送到了图叶里亚斯。1804年，它被保存到卢浮宫。

列奥纳多大概是1503年开始创作这幅作品的，不过被画模特儿的身份还有待确定，而如果这点可以确定下来，作品创作的日期还有可能发生变化。实际上，如果安东尼奥·德贝亚蒂斯的假设可以接受的话，他认为这是朱利亚诺·美第奇的一位宫廷夫人，那么只能认为是朱利亚诺在罗马的那段时期，那应该是1513年。按照这个思路，佩德雷蒂提出这幅画的原形应是帕奇菲卡·布兰达诺，她是朱利亚诺在罗马的爱宠。不过这看起来又与这幅画作的风格与思想不符，而近似于《伊莎贝尔·德埃斯特画像》。他本想确定她就是卢浮宫那幅画像的原形。另外就是既然画作在十六世纪初还是未完成的，而且在佛罗伦萨已经为人所知，其中包括拉斐尔，他正是在这幅画的基础上创作了他的两幅画，而他1505年的《马达莱娜·多尼》就重复了这个著名的构图。如果这样，这幅画就不会是晚于1505年创作，不过也没有任何数据能够间接证明这个创作日期，一份有关艺术风格分析的报告认为它是创作于1503年左右。

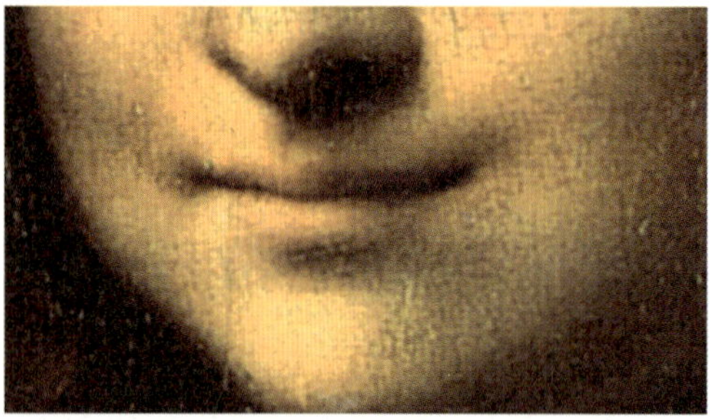

嘴不像是颜色画出来的，宛若真实的肉一般

非现实的梦境景色，不过很具体

最近的观点力图弥合艺术风格分析家与史学家之间的矛盾，表示列奥纳多约1503年在佛罗伦萨开始了如《焦孔达夫人》之类的画，不过在他离开米兰之前并没有完成它，他本来是想完成它的。不过他没有做到，直到后来，在罗马，在朱利亚诺·美第奇的要求下，他才完成了这幅画，因为也许朱利亚诺·美

拉斐尔
《马达莱娜·多尼》
1506年，油画
63 × 45 cm
皮提宫
佛罗伦萨

第奇想拥有列奥纳多的这幅画。这幅画与米兰的环境之间的联系也很明显，特别是从景色的角度来看：

“如果世界上的某个角落能够唤起这种非现实不过很具体的梦境景色，这个角落不是在阿尔诺，而只能在伦巴第区，在它浓重的秋季雾气中，它就像从画面的高处看到的一幅俯瞰全景。”

至于人物的极其著名的微笑，现代评论家谈到了阿尼奥洛·菲伦佐拉的《完美夫人》，它发表于1541年。它表明了十五世纪末流行的微笑。它向我们表明画像人物的姿势符合她的社会地位。现代研究还认为这幅画像是画家的自画像，这是他唯一的个人写照，最终演绎成一种特有的“魅力”。

安吉亚里之战

《塔沃拉·多里亚》(《安吉亚里之战》)
1503年，油画，85 × 115 cm
遗失(原属私人收藏，慕尼黑)

《安吉亚里之战》是列奥纳多于1504~1506年，在佛罗伦萨市政厅创作的壁画。这幅壁画已经不复存在，留下的只有关于它的研究成果和传说了。谈到这幅壁画的制作起因，瓦萨里把它归源于列奥纳多在佛罗伦萨城的名声，人们到处都在谈论，希望他能为这座城市画一幅伟大的名画。于是一些名流和贵族市民商量决定请列奥纳多为新近重新装修的市政厅画幅画。

当时的司法界名流彼德罗·索代里尼出面委托列奥纳多完成这项工作。列奥纳多愿意接受这项任务，并以尼科洛·皮奇尼诺的事迹为主题画了图样。尼科洛·皮奇尼诺是菲利波公爵的战将，1440年被佛罗伦萨军队和由P.奥尔西尼指挥的教皇士兵组成的联军打败。为此，列奥纳多画了“一群为旗帜而战的战马，这幅作品由于表现逃遁所采用的手法而被称为具有高度技巧的杰作。在画面上可以看到人和马的愤怒、蔑视和复仇神态。其中两匹马的前蹄被羁绊着，它们像那些为旗帜而战的人一样，用牙齿表现出强烈的复仇欲望……列奥纳多描绘士兵衣着的画面简直难以描述，真是各式各样。头盔和其他装束，也是如此。这还不说他表现马匹样式的线条特征的难以置信的技巧，他表现马的彪悍、肌肉和阳刚美的技艺超过所有其他大师”。人们经常忽略的是，在列奥纳多壁画的对面，大概还有一幅米开朗基罗的画，它是表现著名的卡希纳战役的，这是根据维拉尼编年史中的题材创作的。根据编年史，佛罗伦萨军队的头领加莱奥托·马拉泰斯塔占领比萨后，把阵地设在了“卡希纳离城六英里的地方”。

列奥纳多曾在不同时刻对这场战役进行过精确的描绘。在这幅画的论述中对安吉亚里之战的行动做了详尽的解释，而且这种解释更适合于理解画面：“你先是制造炮火弥漫，它在空中与奔腾的群马和战士掀起的尘埃混合在

《后蹄站立之马 》
1505年
红粉笔和铅笔、彩笔素描 15.3 × 14.2 cm
列奥纳多卷
温莎藏品，伦敦

《安吉亚里之战的骑兵队》
1503年
黑粉笔素描
16 × 19.7 cm
温莎藏品，伦敦

一起。你这样表现这种昏天黑地:尘土,这种地面的重物,尽管它因为轻而很容易被掀起,在空中混杂在一起,不过它是自己垂落下来的。它的细小微粒可以尽可能地向上飞,所以在空中是不易察觉到的,像是空中某种颜色。在空中与尘埃混同在一起的烟雾升得越高,越是像黑云,在更高的地方可以更多看到的是烟雾,而不是尘埃……有一只手权当盾牌,挡着惊恐的眼睛,手心朝向敌人;另一只手扶在地上,以支撑挺起的背部。对于其他人,你可以这样表现,他们紧绷着嘴,正在逃走。在战士的脚下有各种各样的武器,如断裂的盾牌、长矛、剑和其他诸如此类的东西。有的人已经死了,身体已经被尘土半掩埋了,或者已经全身被掩埋了,而尘土与流淌的血混在一起,变成了红色的泥土,在这种

《马和马头、狮子和人习作》
1504年,铅笔和红黑粉笔素描
19.6 × 30.8 cm
温莎藏品,伦敦

《骑兵和步兵之战》
羽毛笔与彩笔纸画
16 × 15.2 cm
艺术协会画廊，威尼斯

血色中，可以看到血从身体流向尘土处的弯曲路程。其他人你可以表现他们已经奄奄一息，他们咬紧了牙齿，目光迷茫，拳头顶着自己的身体，腿都扭曲着。还可以看到某个人已经被敌人击中，惊魂未定，他企图用指甲和牙齿向敌人进行残酷和艰苦的报仇。你还可以看到某匹马在敌人之间自如地奔跑着，它的鬃毛迎风飞起，马蹄猛烈踢踏，又踩到了一个已经倒在了地上的人，他是用盾牌掩护自己身体的伤员……”

保存在威尼斯艺术协会的两幅画显现出模糊的线条，不过它们应该是主体部位的线条。左侧一个向后看的骑兵成了主要图案。也许列奥纳多深受贝托尔多关于某次战争的青铜浮雕的影响，那个浮雕现在保存在巴尔杰洛。浮雕的构思大部分源于比萨的一个大理石棺，那个大理石棺被认为是一个经典之作。列奥纳多觉得自己的创作更接近于他关于著名菲洛塞诺斯之战的创作。毫无疑问，构图的中心是为旗帜而进行的战争，由于鲁本斯的一幅杰出的摹本，我们对那场战争印象极深。尽管也可能鲁本斯也是不得已才使用了劳伦索·扎基亚的可怜版画。

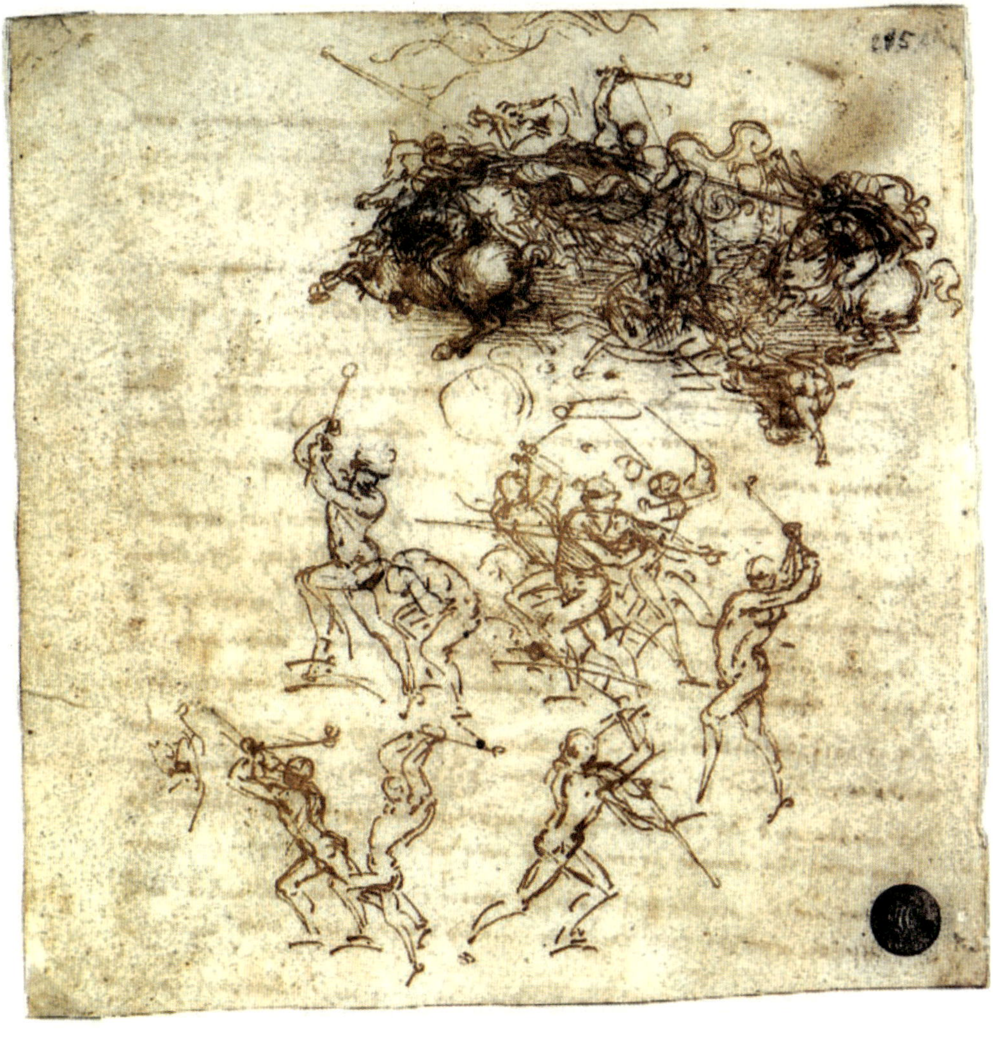

《为〈安吉亚里之战〉一位战士的习作》
1503年，银牌，黑红粉笔，192 × 188 cm，
塞穆韦斯特博物馆，布达佩斯特

《骑兵和步兵之战》
羽毛笔与彩笔纸画
16 × 15.2 cm
艺术协会画廊
威尼斯

鲁本斯
《安吉亚里之战》
列奥纳多摹本
1603年
水彩黑粉笔
卢浮宫,巴黎

无可置疑,列奥纳多又有机会重现已经在《主显节》和《圣折罗姆》表现过的题材。这些画中表现出马和人愤怒的突出形象的几幅画,如《马和马头、狮子和人习作》(1504年),都被温莎收藏。克拉克已经完全准确地指出,《安吉亚里之战》不仅是十六世纪的一个题材转换,而且开启了以具有独创性为特色的巴洛克文化。从另一方面讲,列奥纳多把主角从作战转向了马匹,这成了他最伟大也是最喜爱的题材之一。这幅已经失传的作品现在还有一些不同的副本和摹本。我们知道,为了筹备这幅壁画,需要663磅石膏、89磅松香、223磅亚麻籽油、48磅铝白和36磅石灰。列奥纳多想用他从普利尼奥《加迪亚诺无名氏》里学到的调料创作灰浆壁画,这可以让他慢慢认真地进行创作。他在一块隔板上进行试验,取得了成功,他可以把它尽快地烘干,可是在大厅里就失败了,因为火不能充分地把墙面烘干,墙面出现了裂缝。

然而列奥纳多还是把执旗骑兵的那部分画到了墙上。阿尔贝蒂尼在他的《回忆录》(1510年)里谈到了马。而多尼在1549年写给洛利奥的信里谈到，它们真值得在佛罗伦萨展现，他写道：“你到大厅去，看看那一群马和人……那是达·芬奇卢浮宫展现的一个战争片断，让人看起来像个奇迹。”

除了乌菲齐时代的平庸雕版之外，留下的摹本已经很少，而未完成的雕版力图反映原作的“裂痕”。除了绘画以外，最著名的就是鲁本斯的摹本了。现在还保存着几种组画和作品，如表现两个人物头部的作品，其中一幅表现的是一个未戴头盔的战士的侧影，他可能原本被作为鲁本斯绘画的中心人物。

圣亚拿，圣母，圣婴和圣约翰

作品是罗亚尔艺术协会 1966 年转让给伦敦国家美术馆的。作品是从威尼斯萨格雷多家族那里得到的，从十八世纪起，画样就一直存放在英国。大部分学者认为这幅作品创作于 1498~1500 年，特别是考虑到它画面人物的极大比例，已经很接近于《最后的晚餐》。另一方面，卢浮宫那幅《圣亚拿，圣母，圣婴和羔羊》的存在表明，这个内容的制作在 1510 年已经到了后期阶段。

画样对一个已经被十五世纪佛罗伦萨涉及过的题材进行了强有力的刻画。把它与 1426 年创作的《亚拿与圣母和马萨乔的圣婴》在中间建立一种正式的肖像联系似乎是合情合理的。圣亚拿的坚定不移与列奥纳多赋予她的刻画有关。

然而，非现实的等级差距在列奥纳多那里已经演化为自然主义运动游戏。在这个游戏里，那里的人物借助圣亚拿高举的食指表明他们属于神性世界。

尽管它巧妙地使用了透明颜料，画样还是完全有力的，一种柔中有刚的有力。各个部分相互连接，而看起来不稳定的部分则通过建筑美学予以解决。马利亚半坐在母亲的膝盖上。圣婴好像从马利亚的怀抱里滑了下来，转向圣约翰，他正从右侧走过去，脸上带着祝福的表情。

画面的上半部分，人物的轮廓清晰明确，只有两个女人的脚和圣亚拿左手的手势还没有完成。与此相反的是，各个面孔的完美造型格外引人注意，面孔的黑色明暗法和白色的受光法使画面的水平达到了成品画作的程度。

《圣亚拿，圣母，圣婴和圣约翰》
1503~1510 年
灰膏，铅白，单色纸画
141.5 × 104 cm
国家美术馆，伦敦

圣亚拿，圣母，圣婴和羔羊

列奥纳多在佛罗伦萨又回到了这个题材。在伦敦的《圣亚拿，圣母，圣婴和圣约翰》旁边似乎还有第二个画样，证明现在的作品就是根据这个画样画的。按照海登赖西的说法，这第二幅画样可能是彼得罗·诺维拉拉在1501年写给曼图亚侯爵夫人的信里提到的其中一幅："列奥纳多画了一个一岁大的小基督，他从母亲的怀抱里挣脱出来，抱起一个羔羊，似乎在拥抱它。母亲从圣亚拿的膝盖上站起来，抱起圣婴，把他同羔羊分开来。圣亚拿好像想阻止女儿这样做。"

羔羊只勾画出一个轮廓

《加迪亚诺无名氏》好像提到过这幅画，瓦萨里尽管没有看到画样，也没有看到画像，但他不仅对这幅画大加赞扬，而且还在1550年版的《生涯》里具体谈道："列奥纳多画了一幅画样，上面有圣母马利亚、圣亚拿和基督。它并没有引起人们太高的赞誉。可是当它完成后，整整两天男女老少都驻足在画前，看看这是一个怎样的盛会。"瓦萨里好像还提供了画样的内容，"有个小圣约翰正在与羔羊玩耍"。这种说法如果确实存在的话，就会建立起一个结构极其复杂的金字塔形组群。

在卢浮宫的画像上，可以明显看到其模仿马萨乔手法的古典色调已被一个更具有活力的形象所替代，其表现形式也显得更连贯、更开放，彰显出其风格主义。

《圣亚拿，圣母，圣婴和羔羊》
1510年
油画，168 × 130 cm
卢浮宫，巴黎

圣母的形象前倾着，想阻止圣婴，由此给人物群体以一种强烈的向左运动感，留下的空缺部分程度上由圣亚拿的高大形象予以弥补。迷雾和云笼罩了一切，仿佛把时间推回到了创世的那个时刻，表明一个并没有由于基督的到来而光明的遥远时代。

无论在什么时候，这幅画都被修饰着，并没有完成。覆盖在圣母马利亚腿上的布料只不过还是个构图。由此我们得知，这可能是由于列奥纳多对数学日益增加的兴趣以及他以工程师身份效力塞萨尔·博尔贾的原因所致。画面的几个地方只是被轻微地涂画过，几乎完全露出了草图。一次对画面的细微分析表明，羔羊完全是由另一位艺术家画的或者画像被抛弃时，羔羊还只勾画出一个轮廓。圣亚拿、圣母和圣婴是由列奥纳多完成的，尽管对他们的头的画像还存在着疑问，因为在这些地方还缺少像《焦孔达》那样的细致质感。有人认为他们的头像可能是由列奥纳多的某个弟子画的。

在创作这幅画的同一时代，列奥纳多还尝试着改善他作品用的油墨。不幸的是，这些试验就像以往一样均以失败告终。这些对他影响不大。然而，却威胁到了画作的完成，至少使创作断断续续不得而终。除了伦

《圣亚拿习作》
1503年
黑粉笔，水墨
23 × 24.5 cm
德森画室，卢浮宫，巴黎

《圣亚拿习作》
1501~1506 年
粉笔铅笔和
水彩画
艺术协会画廊
威尼斯

敦国家美术馆的画样外，还有许多与这幅作品直接关联的习作。其中突出的就是威尼斯艺术协会习作。在这幅习作上体现出了这种布局的初步设想，尽管在这里还没有明确确定圣亚拿的图像，画了两个脑袋。背景的景色与卢浮宫那幅作品的景色完全不同，列奥纳多采取的是一种宁静的侧像。还有一些有关这个题材的部分习作，如圣母腿上的布料，卢浮宫里的画样上画得很细腻，使用的是蓝色和栗色。温莎藏品里的一幅相关内容的习作上，列奥纳多的画作也很细腻。

丽达

有关存在着列奥纳多所画《丽达》的消息首先见诸《加迪亚诺无名氏》（1540 年），尽管提到这件事的部分后来被删去了。可能就是由于这个原因，瓦萨里没有提到这件事。然而洛马索曾三次提到它：在《论述》（1584 年）里，他提到了那个"她垂下目光，表现出羞怯"的表情；在《格罗特列斯科的十四行诗》（1587 年）里也提到过；最后在《画殿的理想》（1590 年）里，他谈到了列奥纳多已经完成的作品，"尽管不多，如裸体丽达和那不勒斯蒙娜丽莎的画像，它们都在法国"。

尽管洛马索并没有看到作品，所有这些还是被卡夏诺·德尔波左证实，他在 1623 年准确地描述道："近乎裸体的丽达抱着天鹅站着，她的脚下有两个蛋，从蛋里出来了四个孩子，他们是卡斯托尔、波卢克斯、海伦娜和克吕泰涅斯特拉。"这段描述完整至极，但有些枯燥，特别是在丽达的胸部和《风景和草》，各个细节都画得很认真。

列奥纳多画室《丽达》
1510年
油画，130 × 77.5 cm
乌菲齐画廊，威尼斯

她垂下目光，表现出羞怯

卡斯托尔、波卢克斯、海伦娜和克吕泰涅斯特拉

风景和草

这幅画受到了很大的破坏，因为它是由三块画板横拼成的，画板分开，使得大部分颜色脱落。

在 1692 年和 1694 年的清单里有这幅作品，不过在 1775 年，有关记述又消失了。卡洛·哥尔多尼在给韦南齐奥·德尔帕加维的信里写道：“没有在法国留下任何有关《丽达》曾在此的记录。”也许由于作品的不良条件，有关它的记录在几年前已经消失了。尽管如此，我们还是得到消息，说列奥纳多的画样大约 1721 年在米兰出现过，标题是《丽达》。

《屈膝丽达习作》
1503~1507 年
黑粉笔羽毛笔
和油墨纸画
160 × 13.9 cm
德冯施雷公爵与
查特沃茨城堡
遗产受托人

《丽达头部习作》
1505年
黑粉笔铅笔油墨画
19.8 × 16.6 cm
列奥纳多卷
温莎藏品
伦敦

看起来是列奥纳多是于他在佛罗伦萨的第二个阶段期间构思、用铅笔画草图并画了《丽达》，也许他是在米兰的第二个阶段期间完成了这幅画，拉斐尔的著名画作可以说明这一点。根据克拉克的说法，列奥纳多在那里同时开始画两种不同的画：一个是站着的丽达，它大约于1508年完成。而从这幅画样里又产生了拉斐尔和巴尔达萨雷·佩鲁齐的摹本，它们现在都保存在乌菲齐。另一个是屈膝的丽达，而根据这个画样只画了一幅画像。总体来说，已知有九个不同版本的丽达。其中最突出的就是《丽达与天鹅》。贝伦森最终认为它是列奥纳多的创作或者至少是他直接合作的作品。这幅画1874年出现时破烂不堪，十分肮脏。经过修复、理石作样和清洗，已经几乎成了新古典主义作品，看起来已经不能把它归类于列奥纳多的作品了。

酒神巴卡斯

（旷野中的施洗者圣约翰）

虽然诗人弗拉比奥·安东尼奥·吉拉尔蒂在他的押韵对句中曾经提到过列奥纳多画过酒神巴卡斯，但是这幅画在画布上的作品明显来自《施洗者圣约翰》。1625年，卡西亚诺·德尔波若在法国枫丹白露见到了这幅作品，并对这幅作品进行了准确的描述，但最终却将这幅作品的名称确定为《旷野中的施洗者圣约翰》。德尔波若坚持认为作品中的形象“并不讨人喜欢，因为它既无法使人虔诚相向，也没有任何装饰，更没有特别之处：人物端坐着，岩石和葱绿的旷野风光随处可见”；而到了拜依页（1695年）的描述中，所谓的《旷野中的施洗者圣约翰》则变成了《旷野中的酒神巴卡斯》。

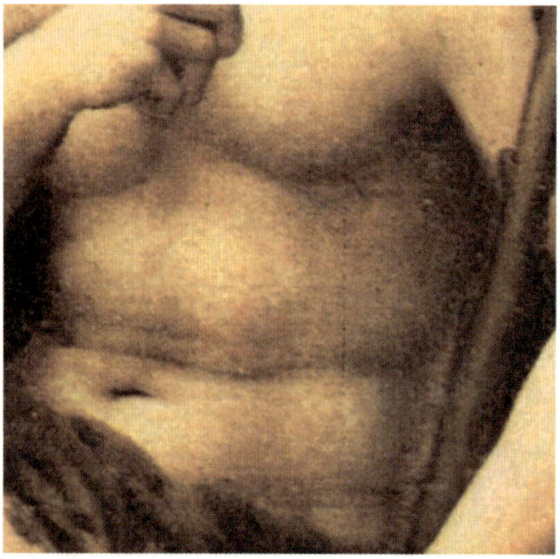

人物赤裸身躯上的光影游戏

这幅作品遭到了评论界部分人士的诟病，因为他们在作品中依稀看到了塞萨尔·德·塞斯托或者弗朗西斯科·梅尔立的身影。然而，在前后同一时期的各个版本和形象的各种变化之外，在意大利瓦雷泽圣山美术馆，人们又找到了一幅小画，虽然疏于保存，但画中人物的线条依然勾勒得十分完美清晰，明显出自列奥纳多之手。由此可以说，这幅画是列奥纳多的主意，甚至在绘制过程中我们都可以看到这位大师参与的痕迹。大部分评论家都倾向于认为存在一个列奥纳多绘制的原型，特别是这幅作品中的风景只是简简单单地勾勒了几笔。

《酒神巴卡斯》
（《旷野中的施洗者圣约翰》）
约1508~1515年
从画板到画布，油画
175 × 115 cm
卢浮宫，巴黎

施洗者圣约翰

这是安东尼奥·德·贝亚提斯 1517 年前后，在库鲁古堡列奥纳多画室看到的三幅作品之一（“一个年轻的圣约翰”）。这是列奥纳多创作的最后一幅大师级作品，完全出自他的手笔，技术上已臻至完美。这幅作品号称画室创作的经典之作，评论界因其形象中那种无可比拟、若即若离的魅力而持此观点，而卢浮宫实验室的 X 光检测更是验证了这一观点。这类 X 光检测进一步凸显了列奥纳多的典型技法：柔软的绘画材料逐渐让位于发散性的、逐渐消散的 × 光图像，而看不出丝毫绘制或涂抹的痕迹，在人物四周昏暗的环境营造出一种不断扩大的明亮的氛围。

亚诺尼莫·卡尼亚诺只会让人想到列奥纳多又创造了一个圣约翰的形象。瓦萨里引用科斯梅大公的话，这样评价这幅作品：“……向天举着一条手臂的天使，从肩到肘的部位按透视法进行了缩短，却反而显得更加突出；另一条手臂和另一只手则弯曲在胸前。”如何使这个缩短的部分具体形象化，其难度部分归咎于手臂放置的位置。然而，正是这种姿势使人物形象完全融入了周围的空间和环境，并以一定的节奏螺旋上升。

克拉克确定这幅作品创作于 1514~1515 年期间。从另一个角度来说，圣约翰是佛罗伦萨的守护神，这一点就足以表明这幅作品创作于列奥纳多在佛罗伦萨的逗留期间。从这幅作品衍生出来的形象非常多，其中值得一提的有保存在卢浮宫和米兰安波罗修美术馆的画作中那个经常处在风景之中的形象。

作品所表现的对神圣题材和异教题材的含糊态度（比如不断表现诸如酒神巴卡斯的题材）再次向我们展示了列奥纳多对经典人物肖像的熟悉程度。就连列奥纳多本人都很少能在像这幅作品中的那样，实现男女同体的梦想。

《施洗者圣约翰》
约 1513~1516 年
画板，油画，69 × 57 cm
卢浮宫，巴黎

向天举着一条手臂的天使

波莫娜和威耳廷努斯

由于疏于保存，很长一段时间以来，很少有人把这幅画当一回事。当这幅画修复之后，与列奥纳多相关的各种痕迹才得以显现出来。

也许是因为这幅画是在列奥纳多生病瘫痪期间由其弟子弗朗西斯科·梅尔立创作的，因此，这幅作品可以说是列奥纳多“授权”的绘画。

他的脸庞属于年迈的男子

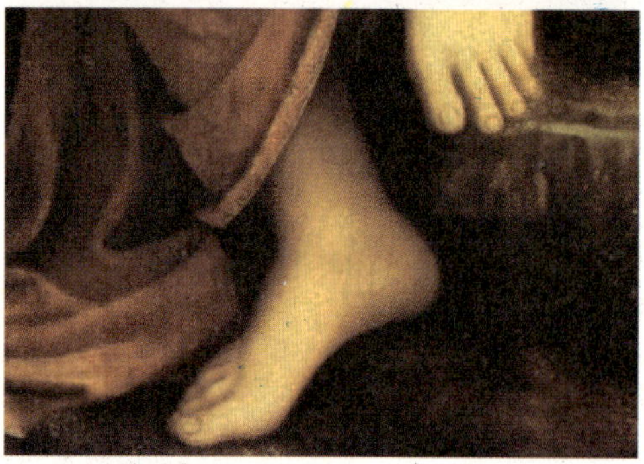

他的手脚却属于年轻男子

作品描述了贝奥维德《变形记》中记载的一个故事：威耳廷努斯前往波莫娜居住的森林向她求婚。因为从前他只要一接近波莫娜，她就赶紧躲开，所以这一次，威耳廷努斯狡黠地化妆成了一位老妇人，用葡萄藤和榆树的比喻，劝说波莫娜应该过普通人的生活。按照威耳廷努斯的说法，葡萄藤需要一个地方攀缘，而榆树本身又一无是处。被他说服的波莫娜袒露了自己内心的渴望，于是俩人便结为连理。

威耳廷努斯是一个很复杂的人物，因为在不同的历史时期，他身体上的各个不同部位经常发生变换。他的脸庞属于年迈的男子，只有裹头的头巾使其看上去像位老妇人，而他的手脚却属于年轻男子。

弗朗西斯科·梅尔立

《波莫娜和威耳廷努斯》

约 1517 年

画板油画，18.5 × 13.4 cm

国立美术馆，柏林

弗罗拉

这幅作品是由梅尔立完成的，是在《波莫娜和威耳廷努斯》的基础上创作的，大概出自列奥纳多瘫痪在床之后最后几个独具匠心的原创性创作思路之一。两幅作品中都出现了列奥纳多使用的同一个模特：创作《圣亚拿，圣母，圣婴和圣约翰》时使用的布灵顿·豪斯草图中的马利亚。只有不那么高高仰起的脸庞与老师列奥纳多绘制的习作有所出入。

作品没有臻至完美的大师技艺，也缺乏列奥纳多不可复制的那种灵气，但是刻意精雕细琢的绘制方法中却时刻流露出列奥纳多教学的痕迹。对人物皮肤的处理非常成熟，而这在梅尔立从前的画作中是很少见的。此外，人物脸庞上的阴影，以及对照射到脸庞上的光线的把握，在肖像画的某些方面中意味着质的飞跃。一直到十六世纪下半叶，这幅画一直都是法国王室的私人珍藏。可能还存在一个半身像的习作。

弗朗西斯科·梅尔立
《弗罗拉》
约 1517 年
画板到画布，油画，76 × 63 cm
艾米塔吉博物馆，圣彼得堡

《圣安娜、圣母、圣子和圣约翰》（局部）

弗朗西斯科·梅尔立
《波莫娜与威耳廷努斯》（局部）

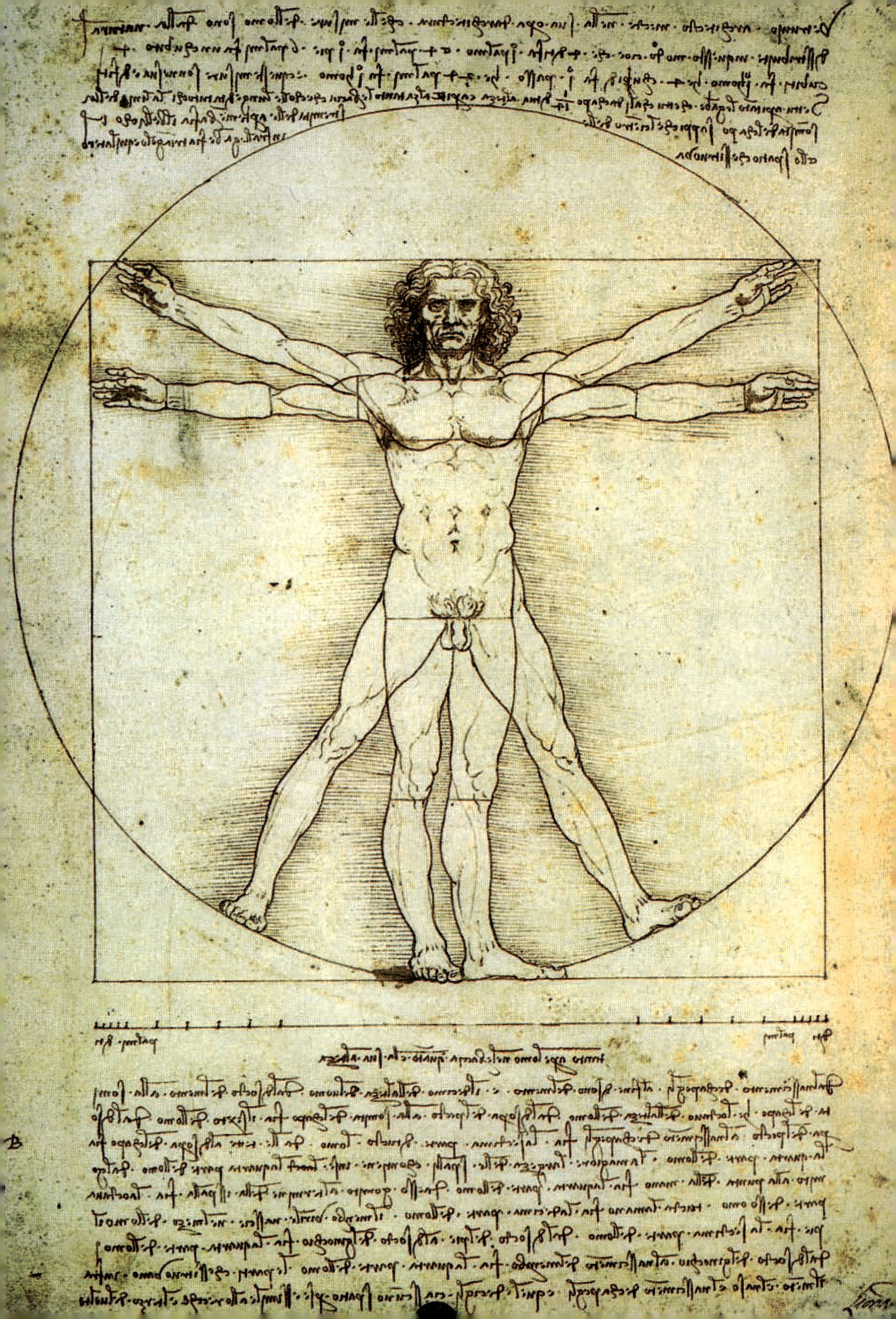

列奥纳多的解剖学

“心灵主宰着每个肉体，并且按照最恰当的方式塑造了人类的整体形象。”

除了列奥纳多，文艺复兴时期再也找不到更合适或更伟大的代表人物了，也没有人能够像他这样集这么多的概念、理想、雄心壮志和远大抱负于一身。他把置身其中的当时的思想潮流中的人文主义努力作为毕身为之奋斗的事业，勇敢地承担最终可能产生的后果，并且最终为这种潮流做出了重大贡献。列奥纳多生命中感受到的巨大推动力之一，大概也是激发了他无限好奇心的动力，就是人体。那些想了解人体、学习一切与人体相关知识的渴望，使得列奥纳多最终将大半的精力投入到对构成人类物质形体——身体——的研究之中。

列奥纳多有关解剖学的作品，致力于捕捉各种特征的文字和确认人体四肢比例结构的书稿最终变成了对压倒一切思想、企图和宇宙观的大杂烩：在科学的理性主义钢铁般坚定的教条旁，列奥纳多态度和蔼地加上了艺术家敏锐地捕捉到的精致与美丽；在所有文稿中都充斥着迷一般的书写符号，旁边却配上了再明显不过的图像；以经验为基础的最新的研究方式与柏拉图关于世界的古老观念并存；成年男性与仍未出生的婴儿相提并论；人类的心脏和牛的心脏进行对比，等等，不一而足。列奥纳多在探索人体奥秘的过程中所表现出来的这种打破砂锅问到底的精神使其在这个过程中遭遇到了各种意想不到的问题，例如：一方面他可以对尸体进行解剖，另一方面却又能让自己遗漏了那些最触动人心的图像。遗憾的是，他终其一生都未能画下这些图像。

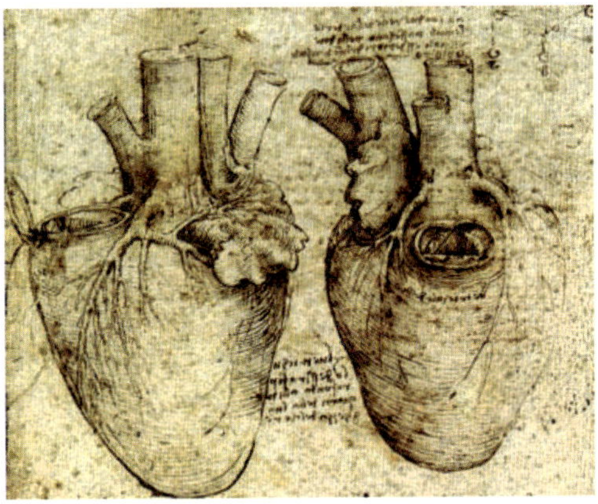

《牛的心脏》(局部)
约 1513 年
铅笔素描，蓝色稿纸，29 × 41.2 cm
雷欧尼收藏部分
温莎藏品，伦敦

《维特鲁威人》
约 1492 年
铅笔素描，34.2 × 24.5 cm
学院美术馆，威尼斯

人体头颅的解剖学习作

通过列奥纳多的绘画，我们不难看出，列奥纳多远未能真正了解人体不同器官的功能及其相互关系。然而，他通过反映画作中的各个局部细节向我们传递的信息却十分清晰明了。

对图案的注释总是出现在图案下方。尽管如此，这部分文字在手稿中总是占据着主导地位：列奥纳多的分析主要从绘画和造型的角度出发，他的代表性形象总是清晰明了，根本不需要大段的注释。他笔下的图案总是那么的写实，那么的具体，无形中削减了每幅图案周围注释的重要性。列奥纳多的分析中丝毫没有投机取巧的成分，这一点完全可以从文字旁边的图案中得到证实。

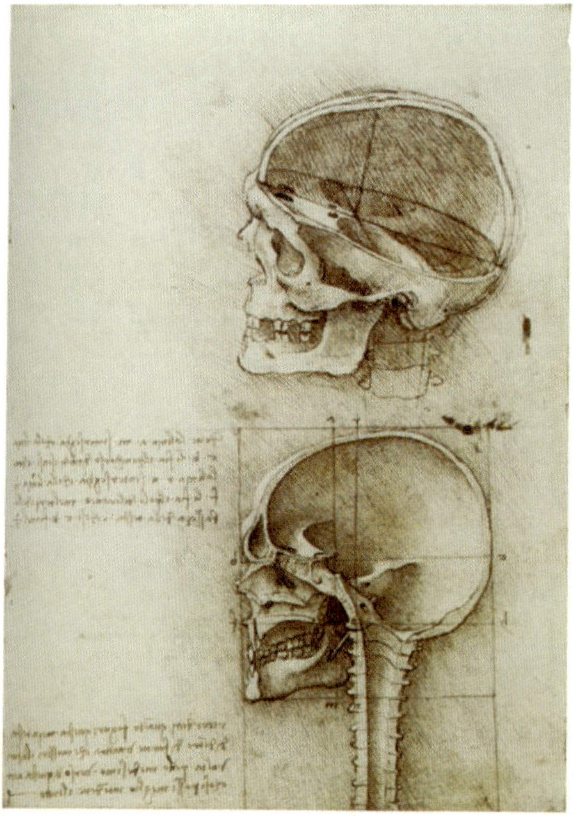

《颅骨矢状部分侧面图及颅骨神经》
1489年
羽毛笔素描，19 × 13.7 cm
温莎藏品，伦敦

《人类颅骨习作，矢状部分正面图》
1489年
羽毛笔素描，18.3 × 13 cm
温莎藏品，伦敦

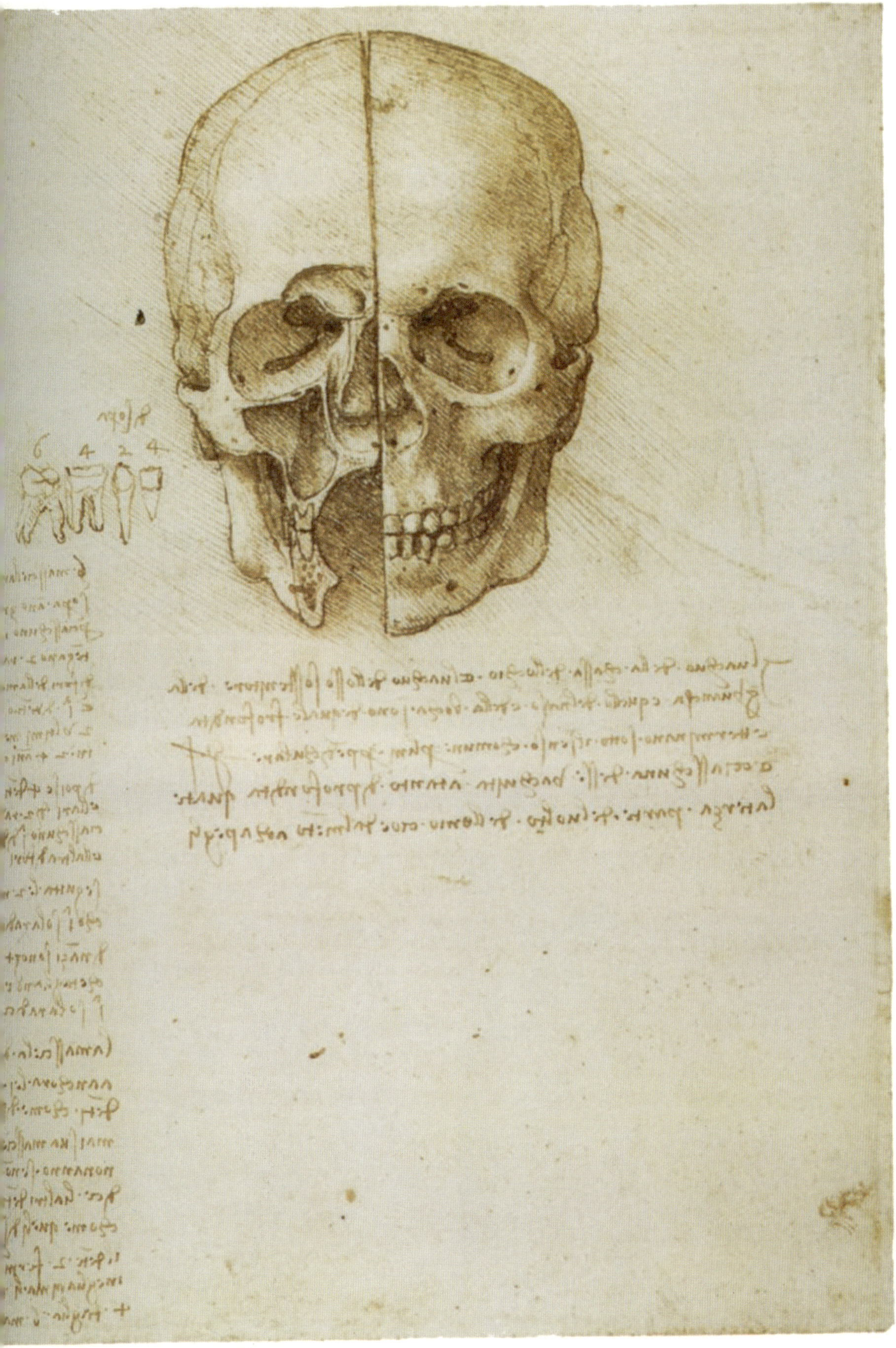

漫画场景中的五种形象

介于列奥纳多的肖像画和解剖学习作中间的，还有一个较为特殊的部分值得我们进行分析研究，那就是他创作的人物面部表情的各种形象。这些被瓦萨里称为"奇怪头像"的漫画形象，多年来一直被认为是天才的列奥纳多的一个怪癖，倒是很契合列奥纳多关于艺术某个方面漫画式的想法。表面看来，这些画正好为画家所宣称的绘画的多样性提供了一个很好的例证。这些头像大部分来源于画家早年的"蹩脚画作"。无论是将其作为自动还是连动的方法，列奥纳多都为这一行为赋予了特殊的重要意义。为此，他建议我们去欣赏"污渍斑驳的乱糟糟的城墙或用大小不一、各种规格的石块修建的脏兮兮的城墙"，以此来获取创作灵感。不过，徜徉在这些城墙产生的各种感受之中时，列奥纳多又补充道：可以……创造场景，观看不同风光中的画像，特别是那些经过各种各样的山川、河流、岩石、树木、平原、巨大的山谷和山峦美化的场景。

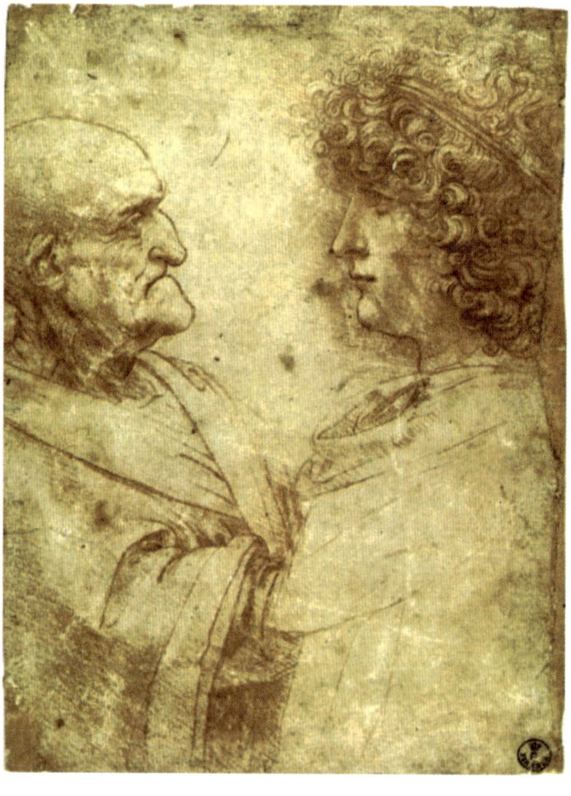

这些绘画的一部分构成了列奥纳多研究人类表情的解剖学习作的特殊发展方向。这里所谓的人类表情，实际上是经典人物形象在做出特定的行为，经过扭曲和变形之后产生的道德感。

《老年男子与青年男子的侧像》
约 1495 年
红色粉笔画，20.8 × 15 cm
乌菲齐美术馆，佛罗伦萨

《漫画场景中的五种形象》
铅笔素描，26.1 × 20.6 cm
温莎藏品，伦敦

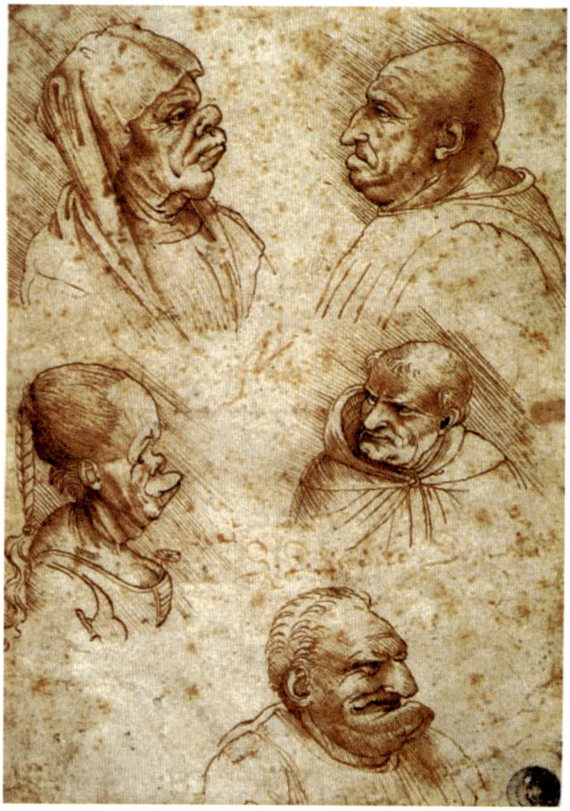

《五个漫画头像》
约 1490 年
羽毛笔素描
画纸,18 × 22cm
学院美术馆,威尼斯

克拉克和冈贝克所谓的共同出处就是那幅著名的《武士半身像》(1472年),而这个胸像的原型则是韦罗基奥创作的雕塑中科莱奥尼的形象。话又说回来,当时韦罗基奥创作这个形象时,列奥纳多也参与了。这个形象表现为一个秃头男子,没有胡子,眉毛却很浓密,看上去有时候像漫画,而更多的时候则是一个理想的化身。然而,这一组变了形的、扭曲的形象与粗俗多少有点关系。收藏在温莎古堡的《漫画场景中的五种形象》中,出现了《武士半身像》形象的一个变形,四周围绕着四张粗俗的脸庞。中间的人物,头上戴着用橡树叶做成的王冠,流露出一种"帝王般"的神色,被周围的其他人物嘲讽地称为"疯子的国王"。这种通过同时呈现各种人物以扩大图像效果的方法在北欧绘画中非常流行,如丢勒的《基督在教堂中会见众博士》。

《男子头像与狮子》
约 1503 年
红色粉笔画,18.3 × 13. 6 cm
温莎藏品,伦敦

列奥纳多自己在《三博士来朝》中就采用了这种技法，将智能重新赋予了武士。因为列奥纳多认为，只要一想到有一群人在聆听，人们的脑海中就应该浮现出这样的场景：……一位听到好消息之后兴高采烈的主人，嘴角微微向下，脸颊布满皱纹，眉毛高挑，簇在一起，额头上丘壑纵横。

《武士半身像》中的形象同样出现在人与动物形象的比较之中，例如《男子头像与狮子》。其中的人物形象虽然年迈，却依然不脱武士的样子，大概列奥纳多刻意强调的就是这种样子，方便把男子乱蓬蓬的发型与狮子的鬃毛进行比较。1495 年的画作《老年男子与青年男子的侧像》，将同一张怒气冲冲的脸庞的左右两侧进行了比较，一侧是年轻男子的形象，与韦罗基奥笔下戴维的形象有几分相似。列奥纳多自己在《基督受洗》和《受胎告知》，以及后来的《音乐家肖像》中塑造的天使形象与此也有些类似。

因为出现了变形，那些粗俗的人物形象无法被归纳入固定的种类中，而正是这一点让列奥纳多着迷不已。他的这种着迷表现在他抛开既有的陈规陋习，而创作了《五个漫画头像》或那幅著名的《粗人头像》，后者是画在稿纸上的，但列奥纳多原本是希望将其画到画板上的。这一事实充分证明这不是作者一时兴起的涂鸦之作。在列奥纳多眼中，粗俗是美丽睿智和感性的对立面，起着与其相对的作用。

《粗人头像》
约 1504 年
黑色粉笔，带孔眼
39 × 28 cm
主厅，基督教堂，牛津

维特鲁威人

这幅列奥纳多关于人体比例的著名画作最初却出人意料地夹在他的建筑习作当中。文艺复兴时期所有的理论家和建筑师都认同这样一个观点，即建筑也是一门科学，建筑物的每一部分都应当按照理想概念中完美的人体的数学比例来构成。因此，出现希望从人体四肢中提取相应的比例来修建柱子或房屋的想法也不足为奇。维特鲁威的作品中就出现了借用人体来展现的各种平衡；而切萨雷·切萨里亚诺、弗朗切斯科·迪·乔尔乔或帕拉第奥的作品中，也出现了对类似平衡的追求。

这些建筑师们试图用人体的各种比例关系来表现基本的几何形式。例如，切萨里亚诺的结构显得多少有些牵强，列奥纳多用其艺术家的直觉超越了这种结构。因此，列奥纳多的《正方形和圆形中的人》已经变成了人文主义的一种象征，因为柏拉图在《蒂迈欧篇》中，就像库萨的尼古拉和菲奇诺一样，十五世纪时期曾把圆形作为智慧的象征。

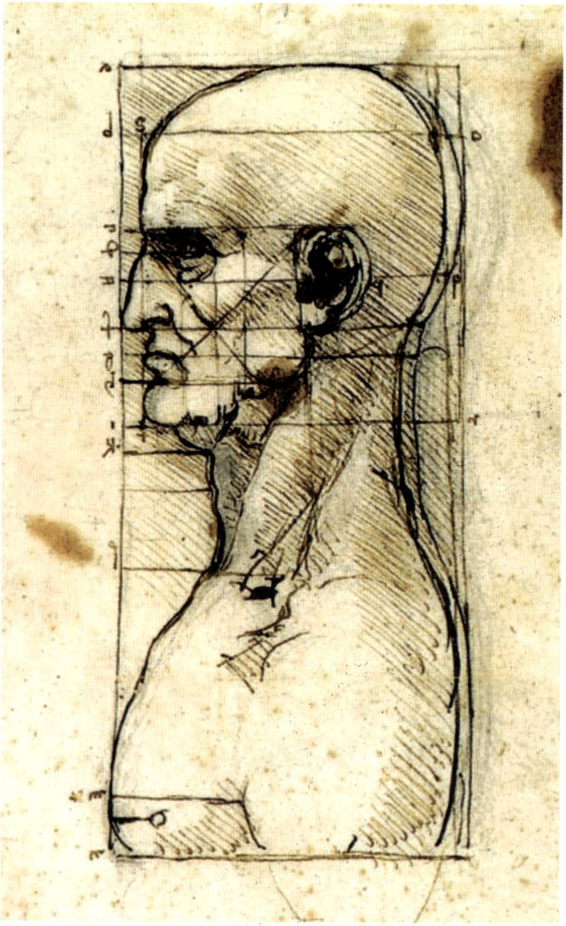

《男子头像之比例研究》(局部)
约 1490 年
羽毛笔素描
稿纸，28 × 22.2 cm
学院美术馆，威尼斯

《维特鲁威人》
约 1492 年
铅笔素描
34.2 × 24.5 cm
学院美术馆，威尼斯

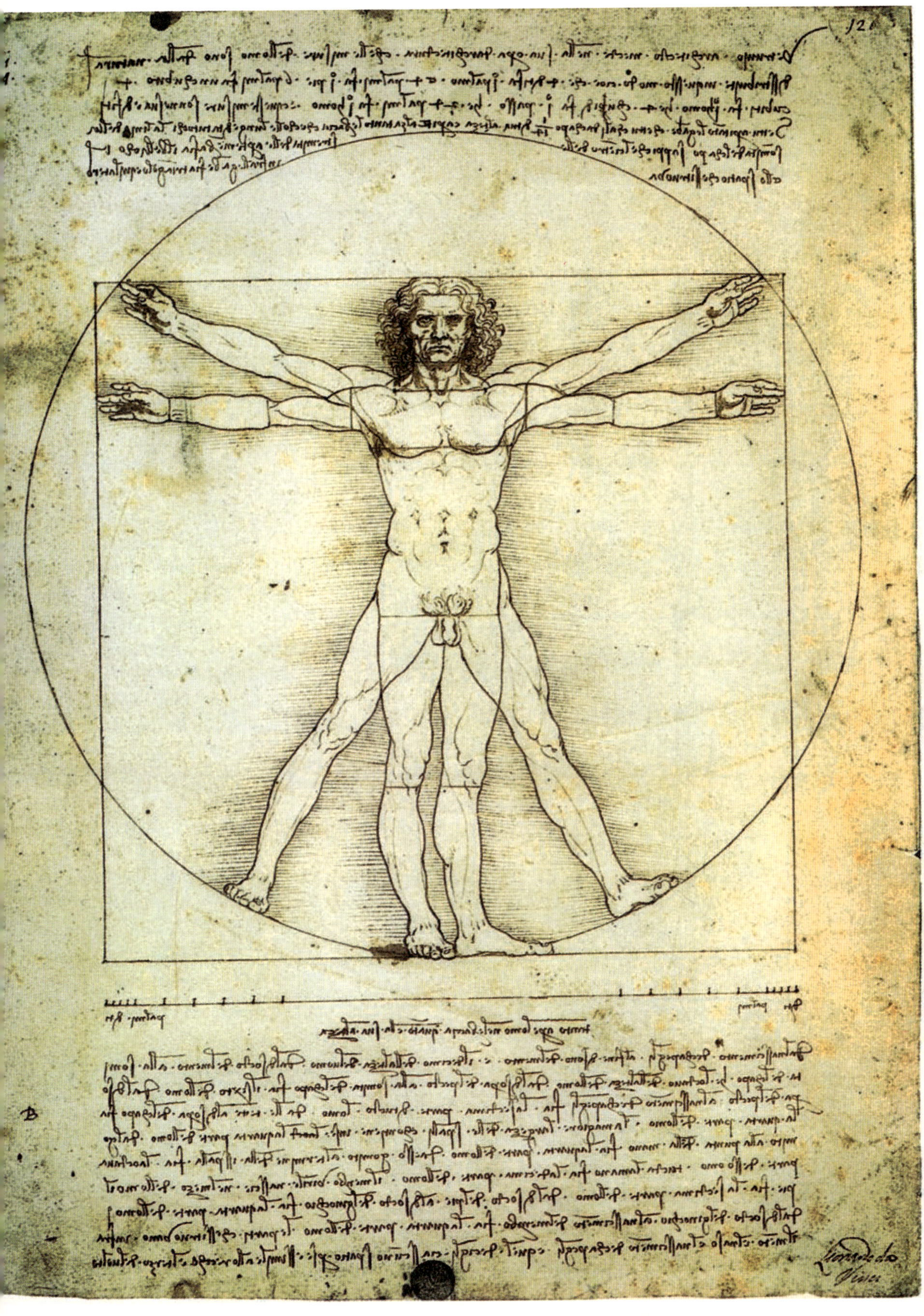

列奥纳多，这位实验主义的艺术家，在这一点上不但放弃了与柏拉图的对立，甚至还将后者的理论发展到了顶峰。为了让人物形象尽可能地获得造型上的平衡，列奥纳多改变了几何图形的重点，力求与圆形和正方形相切的基础保持一致。这个形象展示了人体和几何规则之间显而易见的相似之处，甚至可以说是一致的。

如果在建筑物的修建过程中继续使用这种方式，建筑的任务就变成了将找到的各种人体比例关系反映出来。列奥纳多的建筑绘画很好地转移了这个想法，并以杰出的方式集中体现了当时最为突出的以人类灵魂为中心的理念。

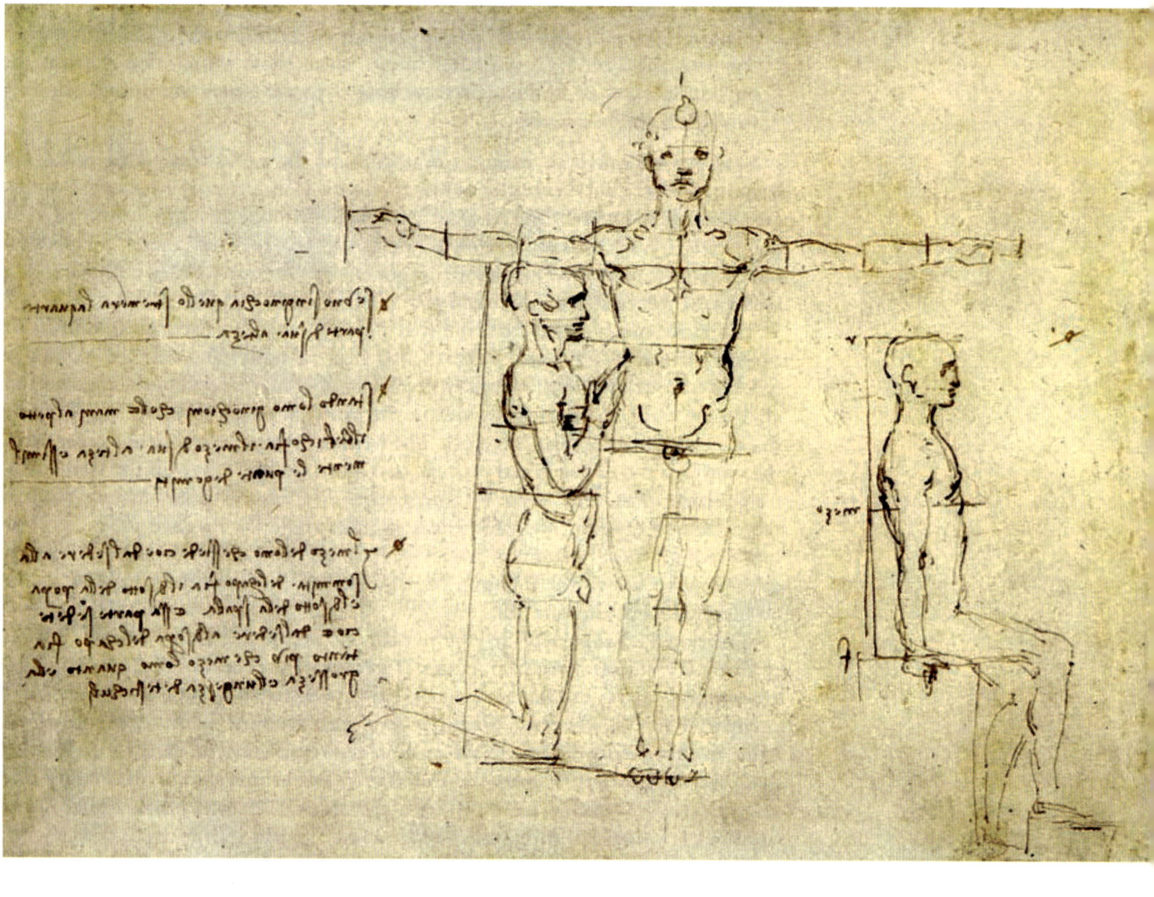

《人体比例系列习作》

约 1490 年，铅笔素描，15.9 × 21.6 cm

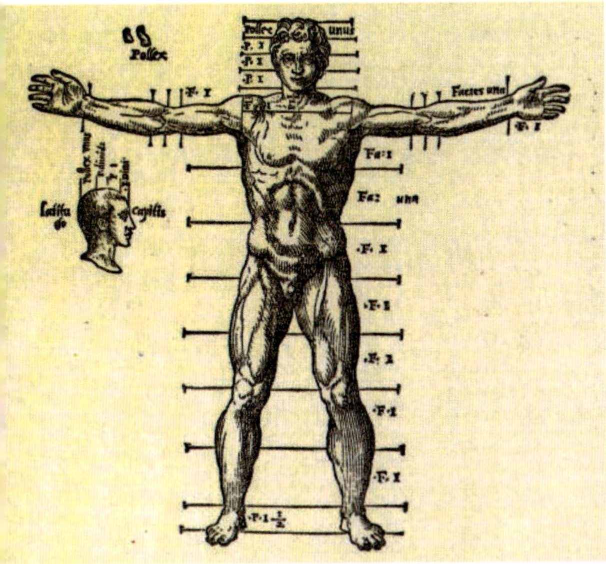

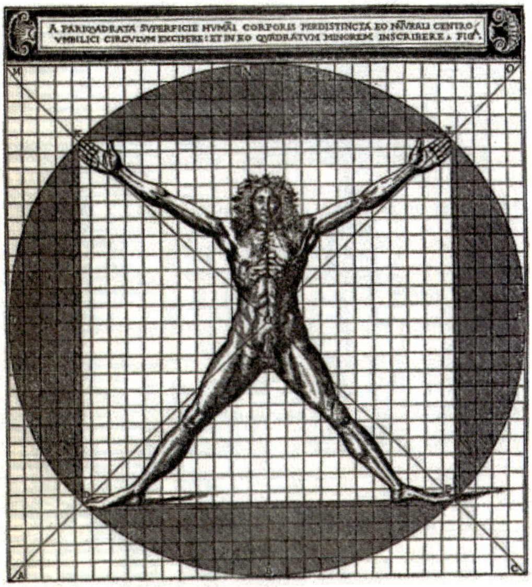

安德里亚·帕拉第奥
《达尼埃莱·
巴尔巴洛版维特鲁威人的人体比例习作》
1567年

切萨雷·切萨里亚诺
《维特鲁威人》
1521年

另一方面,《人体比例系列习作》试图建立几个相关的细微体例,不但表现年龄与类型的差异,而且还将涉及因不同的人体姿势而产生的各种变化。

对此,列奥纳多给出了如下的解释:跪倒之后人体的高度要减少四分之一,人双手环抱跪下之后,他的整体高度的中点由肚脐和双肘构成,坐着的人的高度的中点,即从头部顶端到作为之间空间的中心,正好落在叠放在双肩和胸部下方的环抱的双臂之中,而端坐的部分,即从座位到头部顶端的高度,正好比人体身高的一般大出阴囊的宽度或长度。

交媾与男性生殖器官图

列奥纳多的这幅解剖学习作反映出艺术家的构图和表现能力。这幅画作试图描绘生殖行为和生命的起源——精神上的和生理上的，指出男性播撒的“种子”来自腰部和脊髓，因而与思考的能力相关。而阴茎是两种物质的通道：精子和另一种来自大脑的精神物质。女性的母乳也同样来自骨髓和子宫。

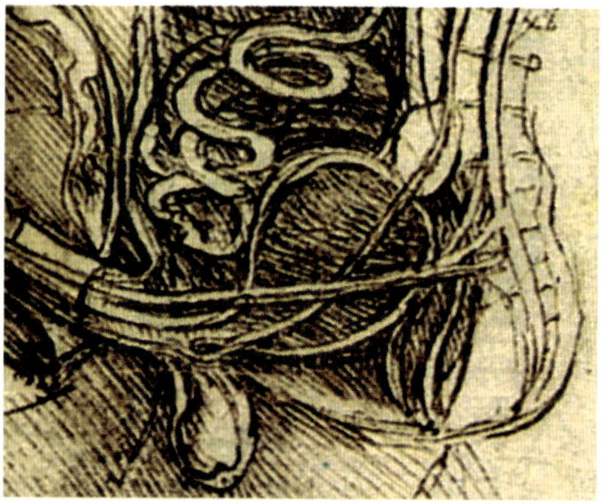

男性播撒的“种子”来自腰部

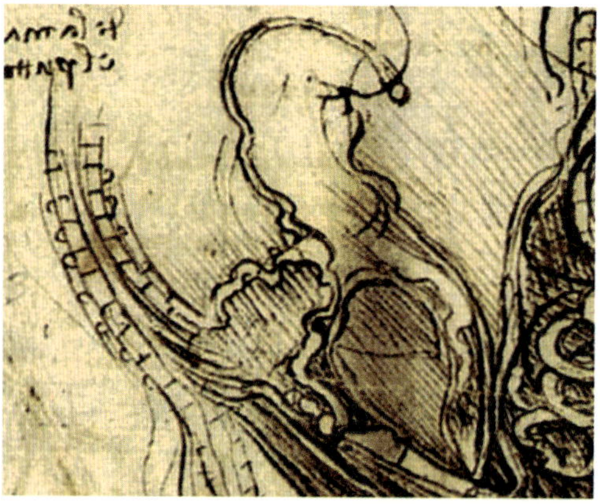

母乳来自骨髓和子宫

毫无疑问，这些理念是从古代和中世纪的相关理念继承而来的。列奥纳多后来对这些理念进行了修改。但是，关于人体是心灵创作的结果这样的想法一直存在于列奥纳多的思想中，因为在他看来，生命的起源其实和思想的缘起并无太大差异。

“统治与主宰每一具肉体的心灵就是构成我们心智的那颗心灵，而且从这种理性完全为我们自己所有之前即已如此。因此，心灵会按照她所认为的最好的方式来塑造人类的肉体来确定鼻子该长还是该短，并用同样的方式确定身躯的高度与形态。”

《交媾与男性生殖器官图》
1492年
铅笔素描，27.3 × 20.2 cm
温莎藏品，伦敦

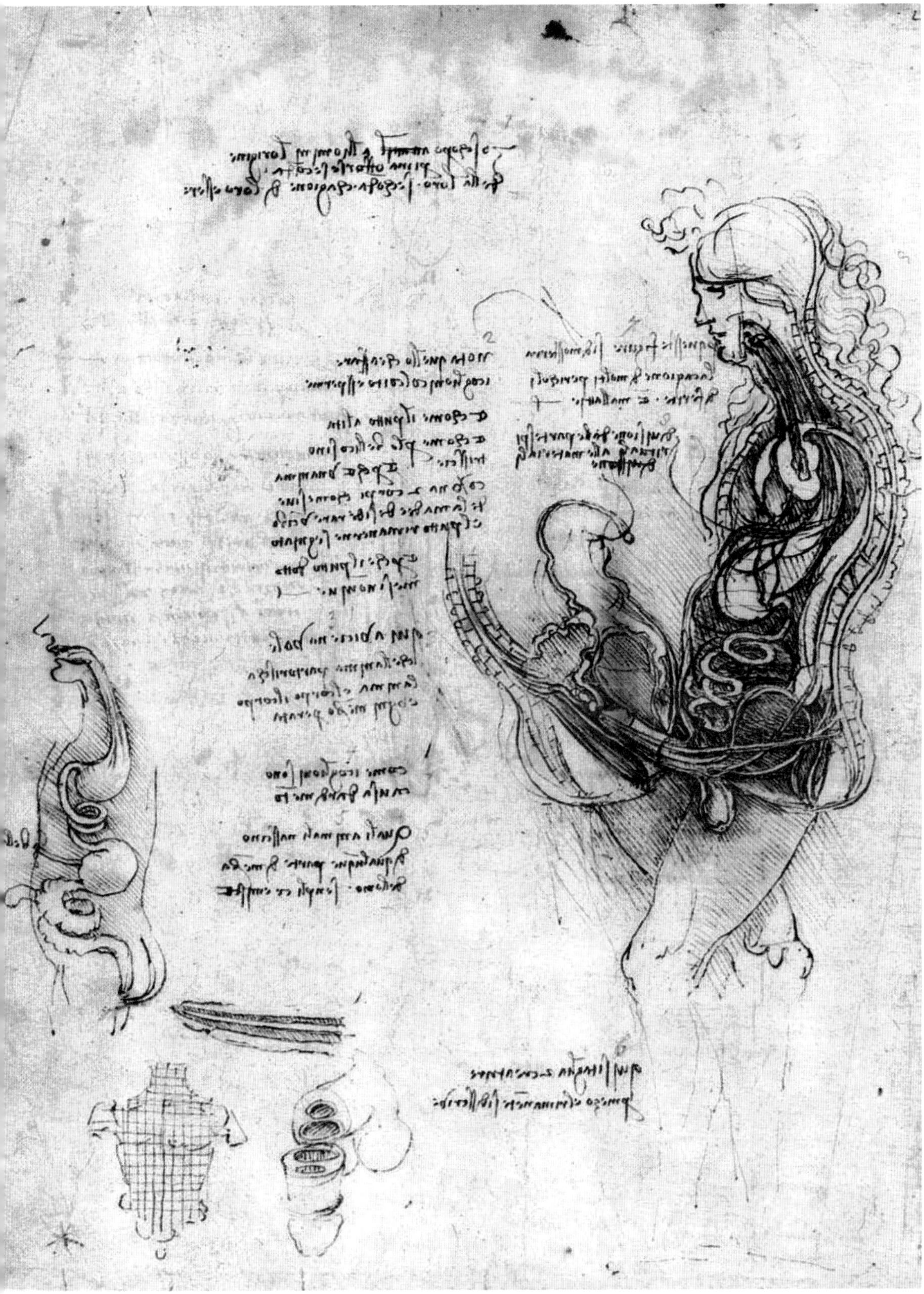

裸体男子

这个臻至完美的形象虽然是《安吉亚里之战》中使用的那种类型，但看上去和任何有名的作品都毫无瓜葛。这幅作品可以说是十六世纪初列奥纳多关于男性身躯的观点最具代表性的画作，当时正值列奥纳多和米开朗基罗用充满肌肉感的形象来探索其表现潜力之际，最终却使这种形象成为文艺复兴全盛时期意大利绘画的一种参考。

对列奥纳多而言，形象的每一部分都应与整体相协调。因此，如果一个男子身材又粗又短，那么，他的四肢肯定全都如此。也就是说，他的手臂短粗，他的双手又粗又短，手指粗短……他身上的其他部位也是如此。这是一个普遍的事实，我们在动植物身上都能看到这样的事实。

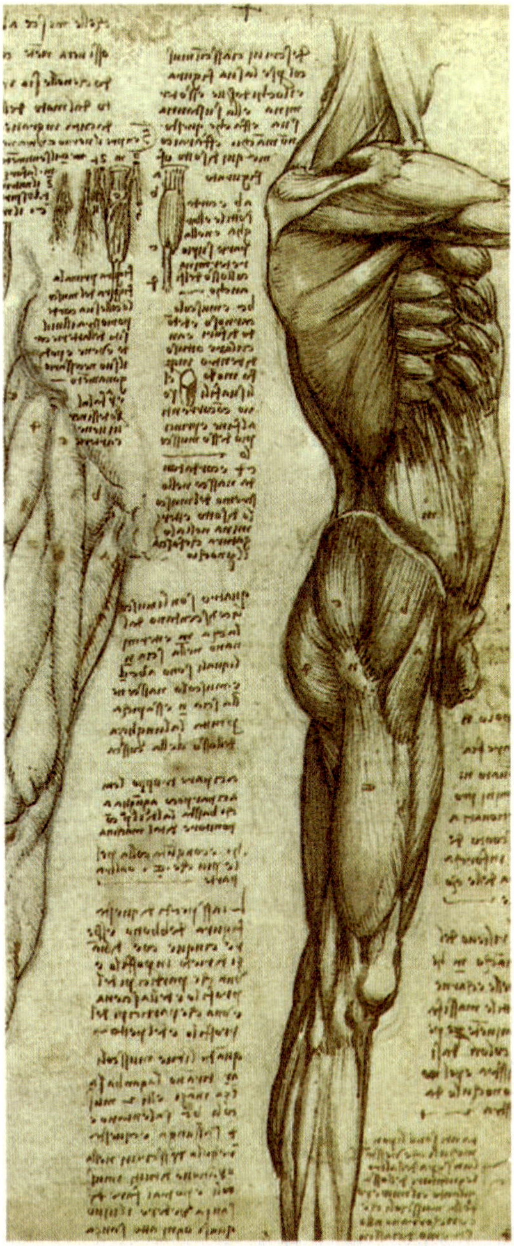

《躯干与腿部肌肉习作》
1510年
羽毛笔素描
温莎藏品，伦敦

《裸体男子》
约 1503~1507 年
红色粉笔画
27 × 16cm
温莎藏品，伦敦

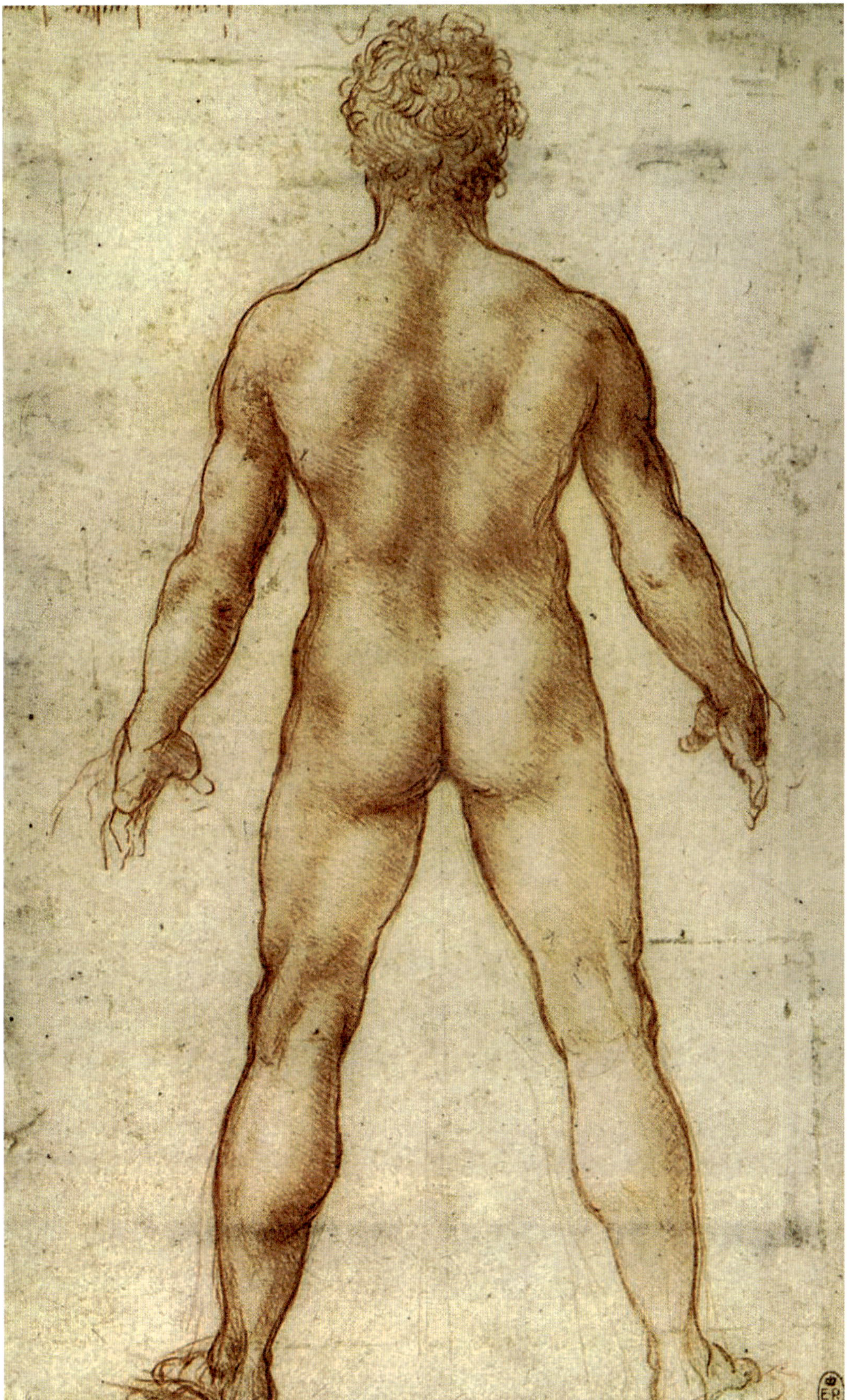

人腿与马腿的比较

列奥纳多的解剖学习作贯穿了他的整个生命，涉及这个题材的第一幅作品创作于 1489 年，而最后一幅作品则创作于 1515 年。值得引起我们注意的是，帕乔利曾提到列奥纳多曾写了一本书，专门研究人类的各种动作。当然，对于一名画家而言，这是一个主要的题材，因为无论在哪种语言中，人体都是备受关注的中心。从某个方面来说，列奥纳多注重于研究人体各部分的各个比例，而且他的研究可谓细致入微。列奥纳多做的工作就是切分、再切分、测量和比较，对每个部位都进行了细致研究。他记录了手与脚、头与脚、背与躯干的相对比例。列奥纳多还以同样的方式研究了多次在他作品中出现的一种动物：马。同往常一样，列奥纳多对待研究对象的态度也出现了一个逐步演变的过程。

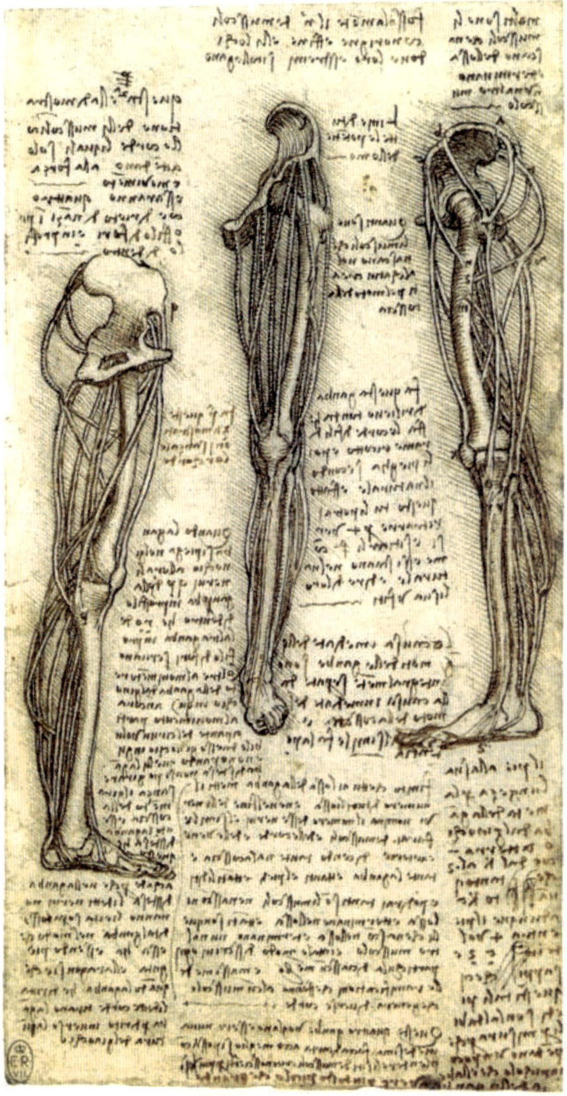

《腿部肌肉系统解剖学习作》
1509~1510 年
温莎藏品，伦敦

《人腿与马腿的比较》
铅笔素描，红色稿纸
28.1 × 20.5 cm
温莎藏品，伦敦

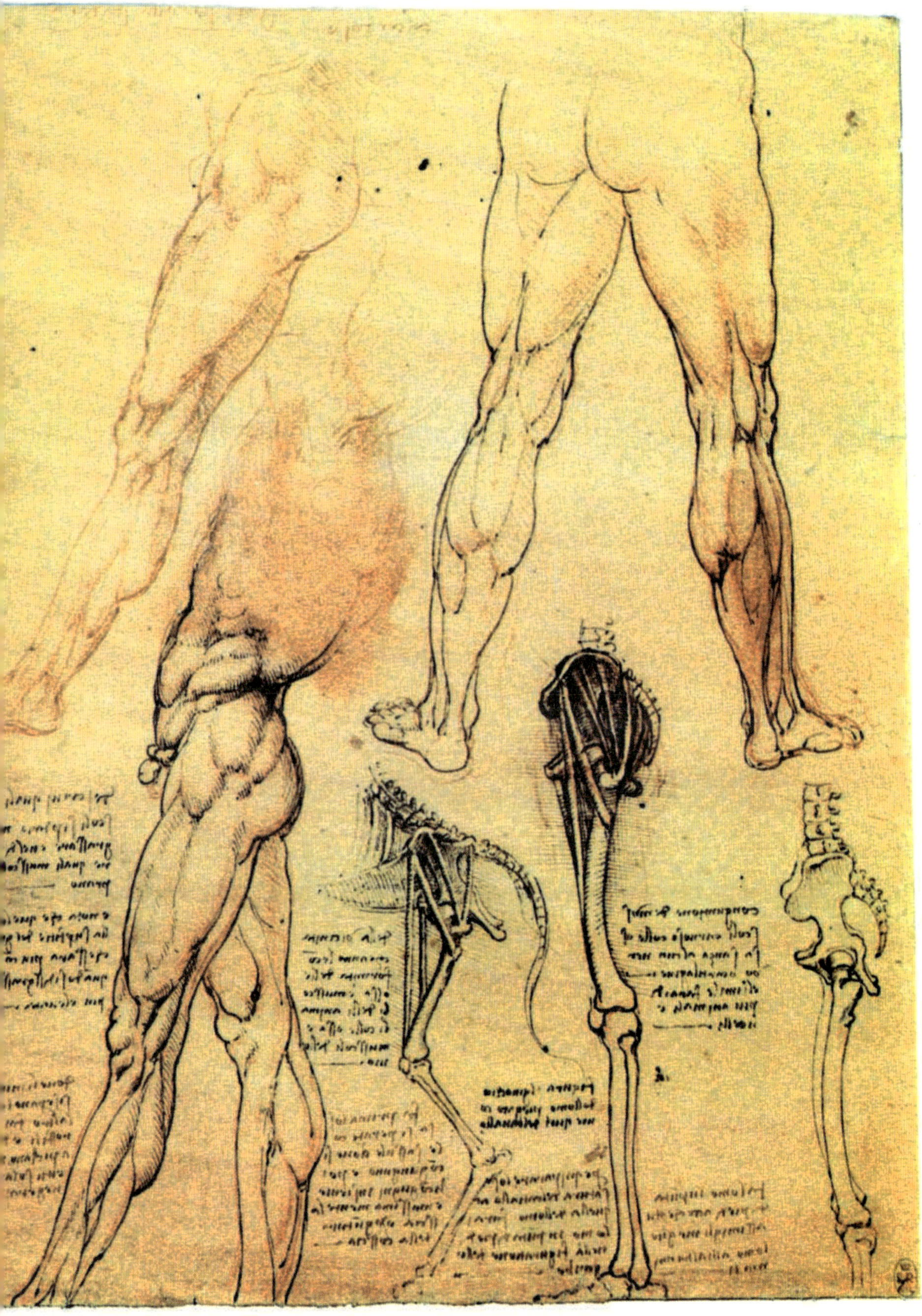

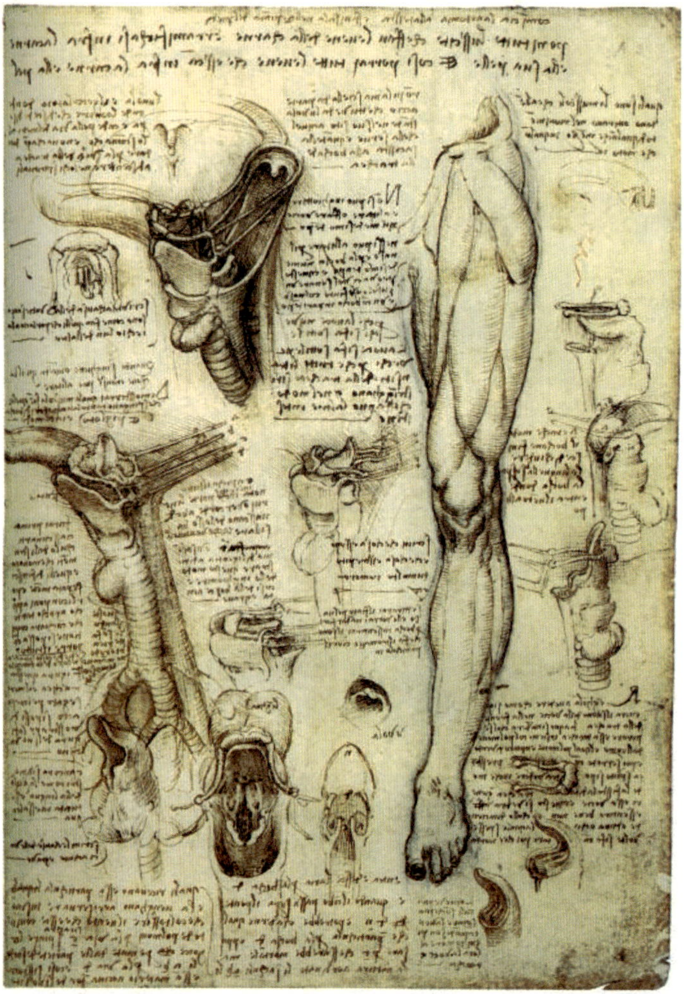

《呼吸、进食与说话的器官》
约 1509 年
羽毛笔素描
黑色素描和红色粉笔打底
温莎藏品，伦敦

列奥纳多的整个思想都受到其追求普遍性与独特性愿望的制约。他试图抓住现实各个不同层面的共同之处。为此，他可谓“兵分两路”：一方面，将已经掌握的某一方面的知识扩展应用到其他不同的研究领域；另一方面，分析某一部分现实的不同方面并从中攫取将这些各个不同方面统一在一起的主要共同之处。

在涉及的所有事物中，列奥纳多通常都从物体的外表——主要从艺术兴趣的角度出发，主抓各种形态，发展到研究这种外部形态之所以能够形成的主要内在因素。具体到人体的研究，特别是针对腿部的研究，列奥纳多解剖学的认知中心自然就落到了切分上了。随着研究方法的不断改进，列奥纳多的研究结果和与之相配的插图变得越来越精细，越来越精准。

在整合已有的解剖学知识的尝试中，列奥纳多希望把人体结构和动物结构联系起来，建立一个比较解剖学的研究。《亚特兰蒂斯抄本》中就出现了各种动物的脚掌和爪子的各类解剖学习作。同样的，就在同一时期，列奥纳多曾撰文，表示有必要“围绕每一种动物的脚掌举行一次专题讲演来探讨他们之间为什么存在这么大的差异”。在列奥纳多1506年绘制的一幅画作中，我们能够看到一些将人的盆骨和腿部与马的后腿部进行比较的图案。这幅画作的独特之处在于将各块肌肉画成了清晰的线条，方便确定每块肌肉的位置和功能。

《马的比例习作》（约 1480 年）是一幅重要的作品，可以作为参考，同人体比例的系列习作进行比较。因此，这大概是列奥纳多在人体各部位关系题材方面最初开展的工作之一。看得出来，他会把这些与《三博士来朝》中的各部分习作联系起来也存在一定的可能性。当然，与列奥纳多后来的习作中出现的复杂算术比例相比，这幅画作显然成了纯粹的图解作品。具体来说，列奥纳多在类似三角形的蜂窝胃里使用了大量的几何图形进行切分，而韦罗基奥为创作科莱奥尼形象而进行的雕塑习作中就已经使用了这种方法。

《马、猫、圣豪尔赫和龙的习作》
约 1517 年
铅笔素描，黑色粉笔勾勒
29.8 × 21cm
温莎藏品，伦敦

女性主要器官、血管与泌尿系统

这幅画作反映出列奥纳多为整合与人体新陈代谢系统的所有研究所做出的令人惊叹的、艰苦卓绝的努力。尽管像心脏或子宫这样一些器官的结构状况大约完成于1500年秋天，但是其他数据则是在1507~1509年间补充的。

画稿边缘大片的针眼反映出列奥纳多为解剖描述所做的细致入微的准备。首先，他把画稿左右对折，将右侧的图像转移到左侧，接着用针沿着图像边缘刺出轮廓，将图案转移到另一页纸上。虽然这样一来极大程度上保持了解剖学数据的精确性和诸多细节，但作品本身却仍然保留了某些令人费解的地方。一些图案只表现了部分实物，有些看上去则是透明的，而还有一些则是三维立体的。

一部分血管、支气管、脾和肾的图形特征反映出列奥纳多早年间切分工作的成果。大众对于生理机能的概念仍然保持在传统的框架之内，心脏和球形的子宫带着突出“触角”的这一形象，是混杂了从功能性原则沿袭而来的图形概念结构。在图案旁的注释中，列奥纳多则提到了包括孩子在子宫内成长等在内的一系列画作，并且讨论了同消化、血管和生殖有关的一些问题。

《女性主要器官、血管系统与泌尿系统》
约1507年
羽毛笔素描，47.8 × 33.3 cm
温莎藏品，伦敦

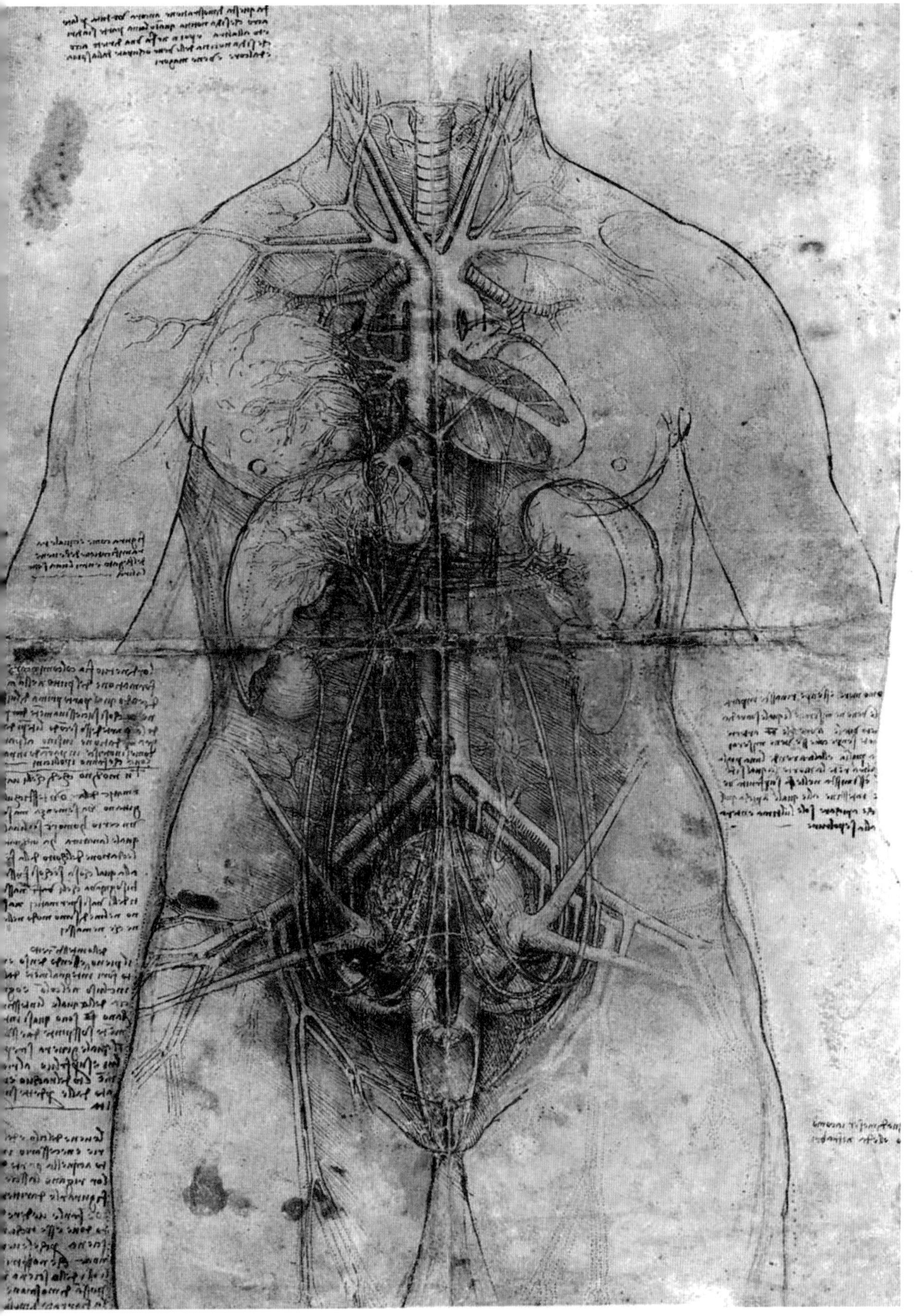

胎儿在子宫中的惊鸿“五”瞥

在生命的最后一个时期，列奥纳多的解剖学习作主要集中在两个基本的领域：心脏和胚胎。同一时期——基本上都在米兰——列奥纳多完成了与肌肉系统、背部骨骼、腿部和手臂相关的解剖学习作，即著名的《A档案》，用作参考的图案向我们展示了列奥纳多在使用铅笔方面的纯熟技巧和高超技艺。正是凭借着这种技艺，列奥纳多让自己的解剖分切的成果和理论大放异彩。

本页的画作应该与那幅著名的《子宫中的胎儿》颇有渊源。在画稿的背面，列奥纳多写道：“胎儿不到半条手臂那么长，胎龄大约四个月。”艺术家早就意识到了从不同的角度绘制每一个部位的重要性和实用性。胎儿双脚位置的细微变化表明列奥纳多画的是一个有生命的婴儿。在同一页画作的不同部分，列奥纳多讨论了脐带的位置和长度，并且按照通常的比例原理，坚持认为，“脐带的长度与胎儿生长过程中每一阶段的长度相当”。同样，他还得出结论，认为胎儿在母亲的体内不进行呼吸是因为胎儿沉溺在水中。人在水中，一张嘴呼吸就会被淹。所以，既然没有呼吸，那么肯定也就没有声音。

在画稿的某些地方，我们可以看到列奥纳多将画家的工作和诗人的禀赋进行了比较。因此，当诗人重新描述了现实时，如果能用语言使眼睛感到满意，正如画笔能让画家产生同样的感觉，那么，诗人就能成为画家，因为色彩会让眼睛立刻感觉到协调，正如音律会让耳朵产生同样的感觉。

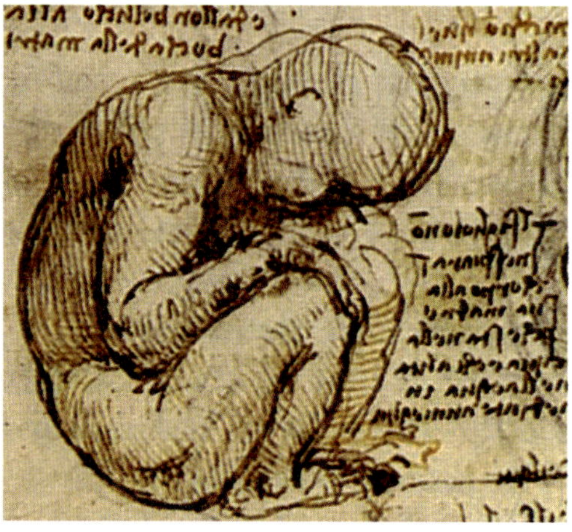

绘制每一个部位

《胎儿在子宫中的惊鸿“五”瞥》
约1510年
铅笔素描，红色与黑色粉笔绘画
30.4 × 21.3cm
温莎藏品，伦敦

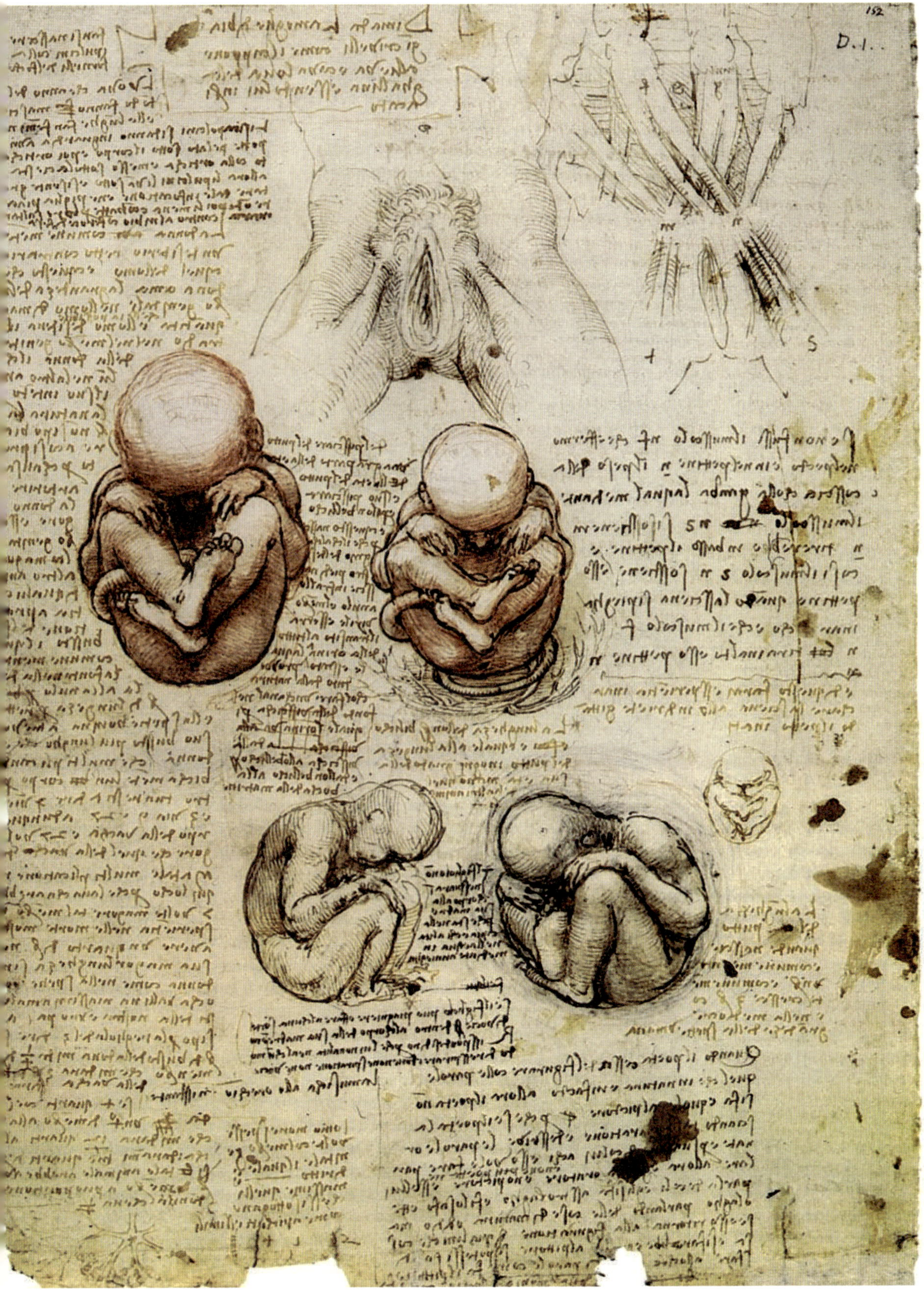
152
D.1.

从旋转视角看肩臂肌肉

大约 1510 年前后，列奥纳多强烈希望完成他的解剖学系列习作，因此这一时期的骨骼与肌肉分析习作成为艺术家笔下最完善的作品之一。这幅作品可以被看作是随着视角的不断转换而产生的一系列连续作品。列奥纳多在旁边的注释中这样解释他描绘的图案："我用八种方式转动手臂，向内三种，向外三种，向前一种，还有向后一种。当手臂上的两个骨突（手腕）相交叉的时候，我又用另外八种方式转动手臂。"如果考虑到当时列奥纳多所能掌握的绘画技巧的局限性，他多力求用图形，包括不同的姿势和动作来表现整个人体的梦想只有在某种可行度的假设下才有可能变成现实。此外，从不同的方面来看，人体各个姿势与动作之间相互关系无穷无尽的组合可能也多少妨碍了这么做的意义。

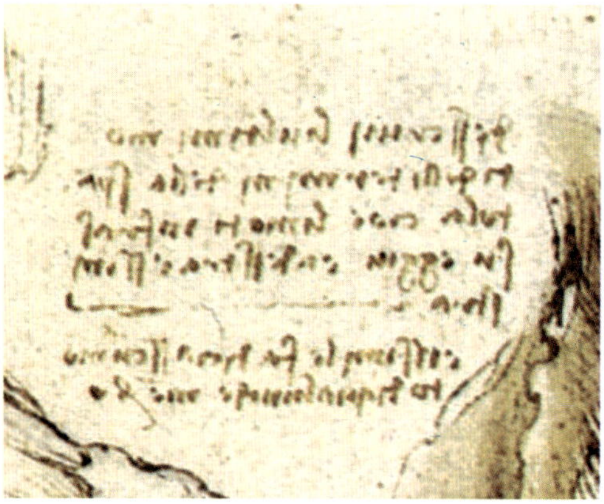

最完善的作品之一

一幅名为《右臂、肩部与颈部肌肉》的画作为上幅画做了补充。画稿上半部罗列出背部脊椎肌肉的三种姿势以及相互关系，即所谓的"背脊部肌肉

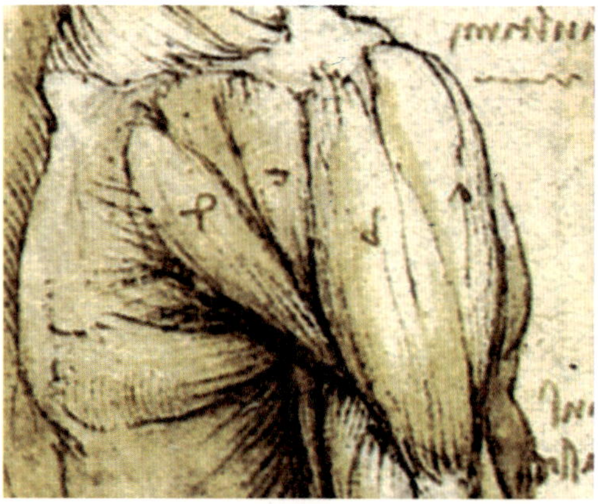

用图形表现整个人体

《从旋转角度看肩臂肌肉》
约 1510 年
黑色粉笔画之上的铅笔素描
28.9 × 19.9 cm
温莎藏品，伦敦

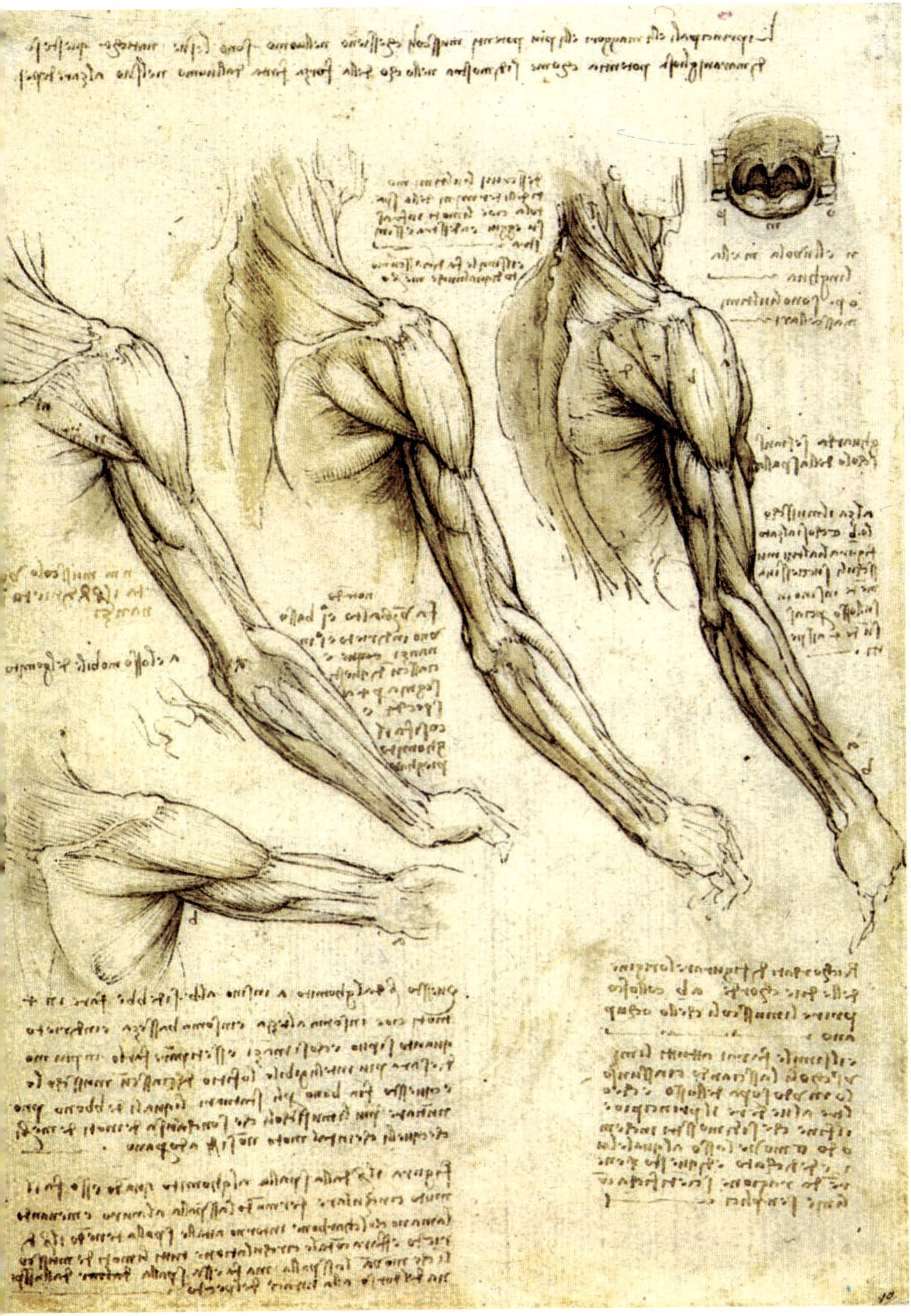

的第一、第二和第三种展示”。尽管肩部的三角肌的肌纤维分束有所偏差，但这是因为列奥纳多认为这些肌纤维对应不同的功效所致。然而，画中的形象还是对这一题材进行了深入的分析。画稿的背部则出现了从各个不同角度绘制的腿部。《脚和腿下半部的解剖学》的插图，是列奥纳多第二个米兰时期给人留下深刻印象的解剖学画作之一。

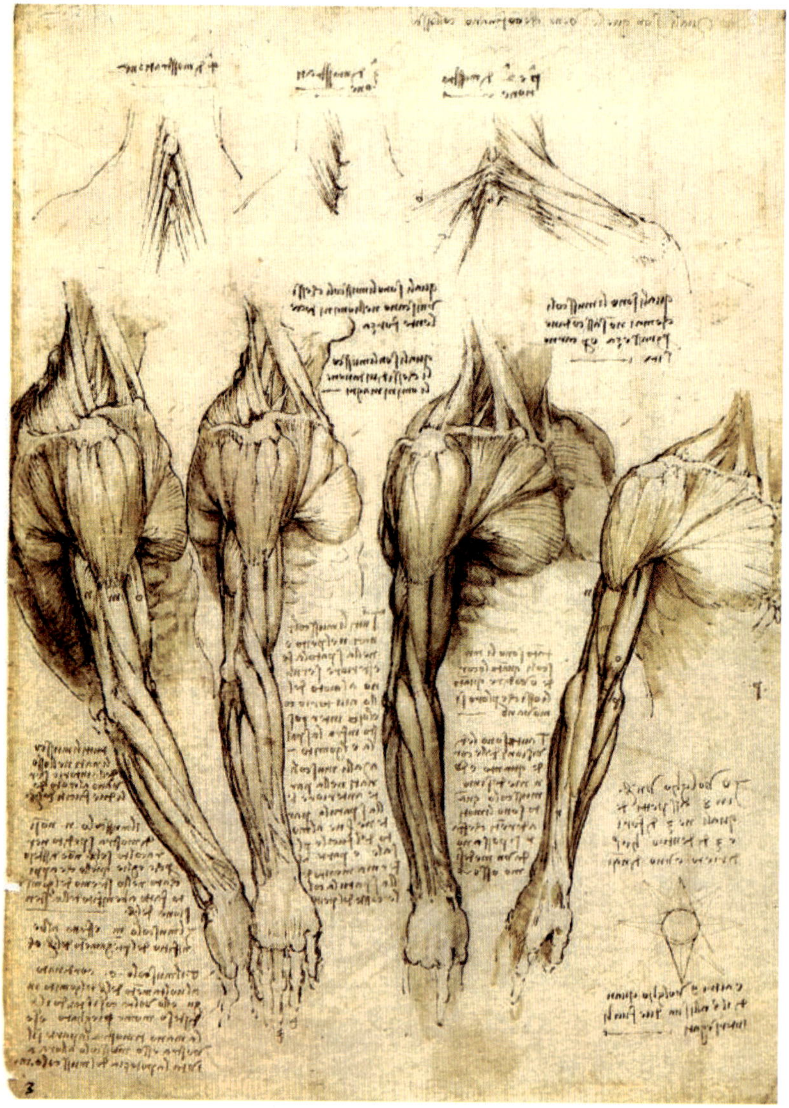

《右臂、肩部与颈部肌肉》
约 1510 年
黑色粉笔和红色粉笔画之上的铅笔素描
28.9 × 20cm
雷欧尼收藏部分
温莎藏品，伦敦

《脚和腿下半部的解剖学》
约 1510 年
铅笔素描
38.8 × 28 cm
雷欧尼收藏部分
温莎藏品，伦敦

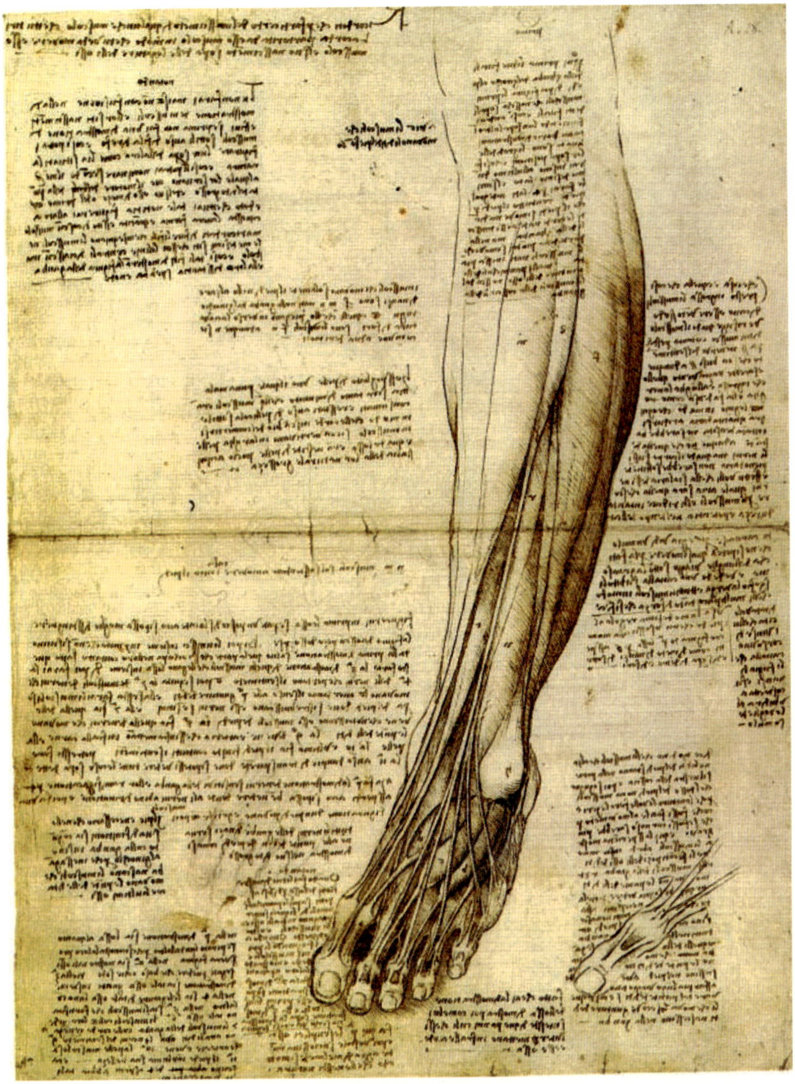

画作旁边的注释中指出，“这里同时画有熊、猴子和其他动物的脚掌，比例相当，以显示它们与人脚的不同”。尽管这幅画中绘制的形象是以事先的习作和草图为基础的，并非直接绘制的，但是图像中仍然透出一种强烈的结构意味，而并非与腿脚的各个层次真正对应。列奥纳多指出，“请记住，为确保弄清每一束肌肉的来源，你应该牵动肌肉的神经，这样才能看到肌肉的运动”。同样，列奥纳多还为《解剖世界》（1316 年）指出了一些细微变化，并做了认真的修改。而该书则是任何一位希望进行解剖分切的人必须阅读的第一参考书。

脊椎

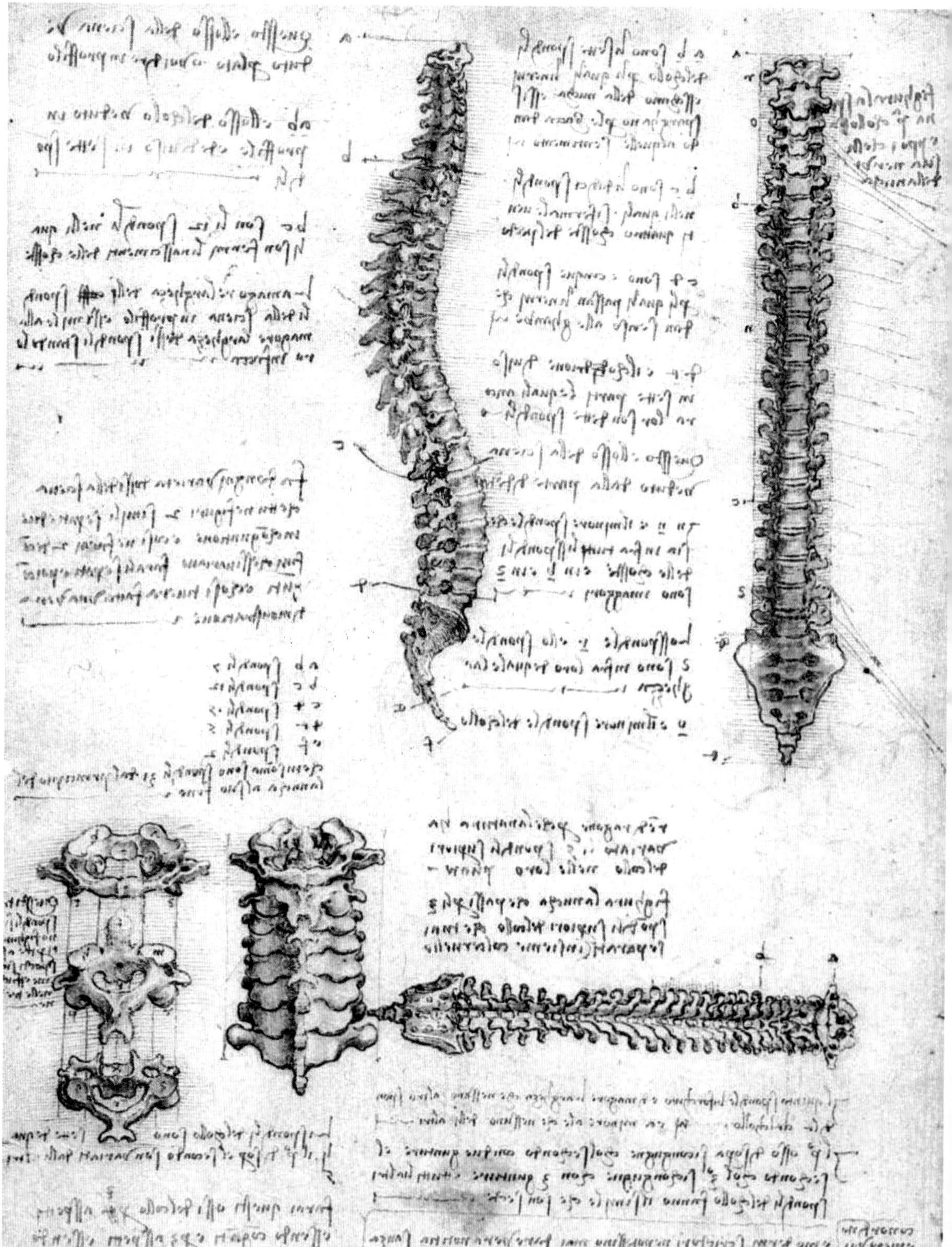

这幅画作反映了脊椎的各个关节及其灵活性，特别突出了颈部的复杂结构。为此，画家在画作的左侧特别画出了七节颈椎，其中一至三节颈椎更是被“分切”出来，以便更好地表现它们之间错综复杂的关系。

虽然列奥纳多对人体结构如此钟情，但他仍然没有忘记给神经系统留下一些纪录，并指出脊椎神经的出处。此外，这幅画作还对艺术家将深刻的印象转为画作的实验起了一定的指导作用。

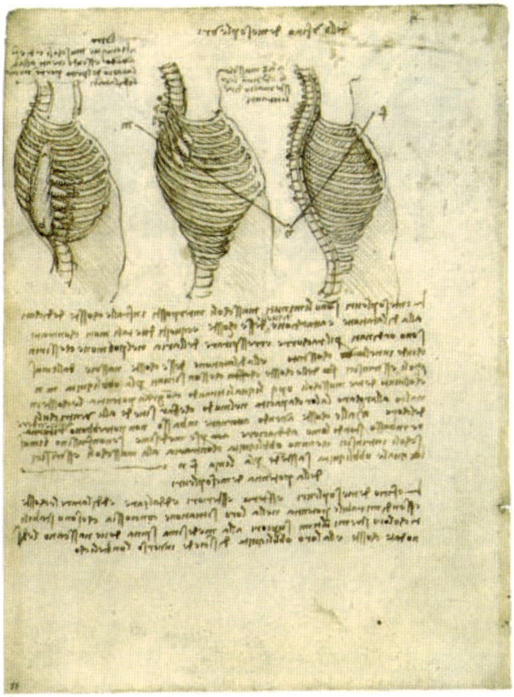

《肋间肌肉和其他呼吸必需肌肉》
1508年
羽毛笔素描
18.9 × 13.7 cm
温莎藏品，伦敦

《颈部与肩部肌肉系统解剖学习作》
1516年
羽毛笔双色素描
27.6 × 20.7 cm
温莎藏品，伦敦

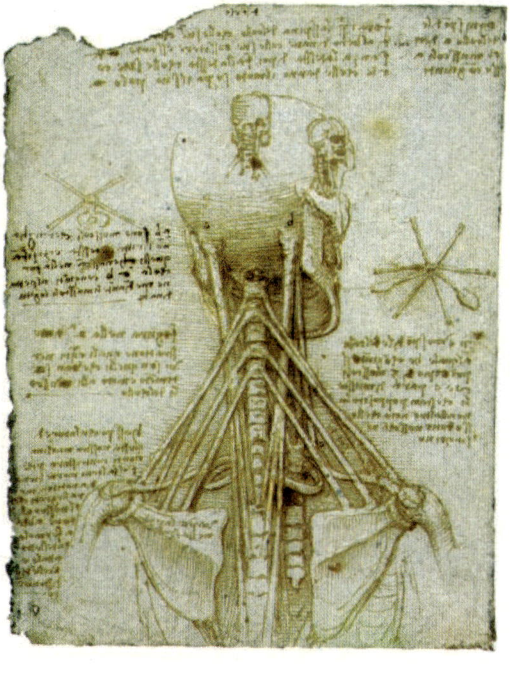

《脊椎》
约 1510 年
白色粉笔之上的铅笔素描
29.9 × 19.9 cm
温莎藏品，伦敦

子宫中的胎儿图

这幅有关人类胎儿的画作（作为细胞的共同起源的系列习作之一）是列奥纳多在米兰时期的最后几年或罗马时期早期创作的有关胚胎学系列画作的重要组成部分。尽管列奥纳多在注释标明胎儿的胎龄“大约四个月”，但是胎儿看上去要比实际显得更大一些。列奥纳多绘制的子宫和胎盘的形状来自他的动物解剖学知识，因而是不正确的。列奥纳多用四幅小图分析并绘制了胎盘和子宫的形象。另外一些图案则解释了为何一个球体能够在非重力的外力作用下保持平衡（也许是用来研究胎儿的头部如何在分娩时保持正确的姿势的）。

1506年绘制的这幅画作采用了“透视”来及时表现母亲的血液是如何输送给胎儿的。旁边的一些小图则描绘了母亲与胎儿之间的复杂联系。

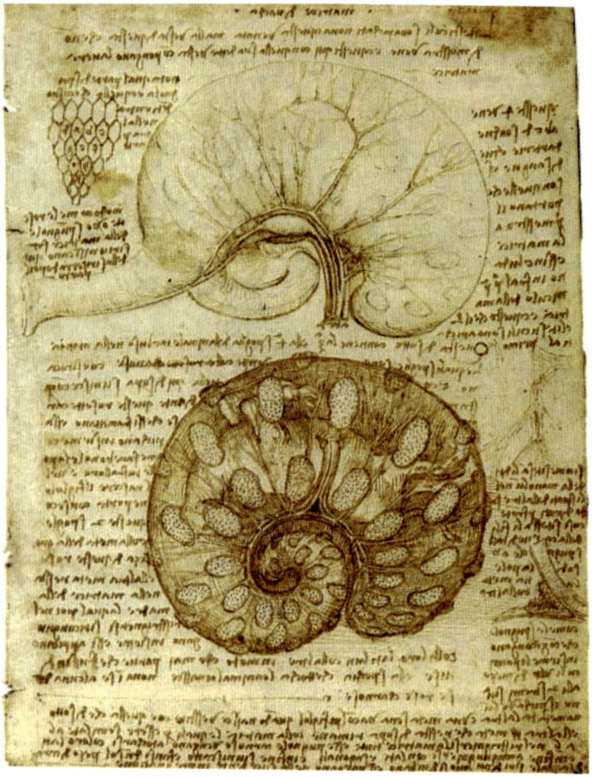

《子宫中的生命》
1506年
羽毛笔素描
19.2 × 14.2cm
温莎藏品，伦敦

《子宫中的胎儿图》
1512~1513 年
羽毛笔素描
30.5 × 22cm
温莎藏品，伦敦

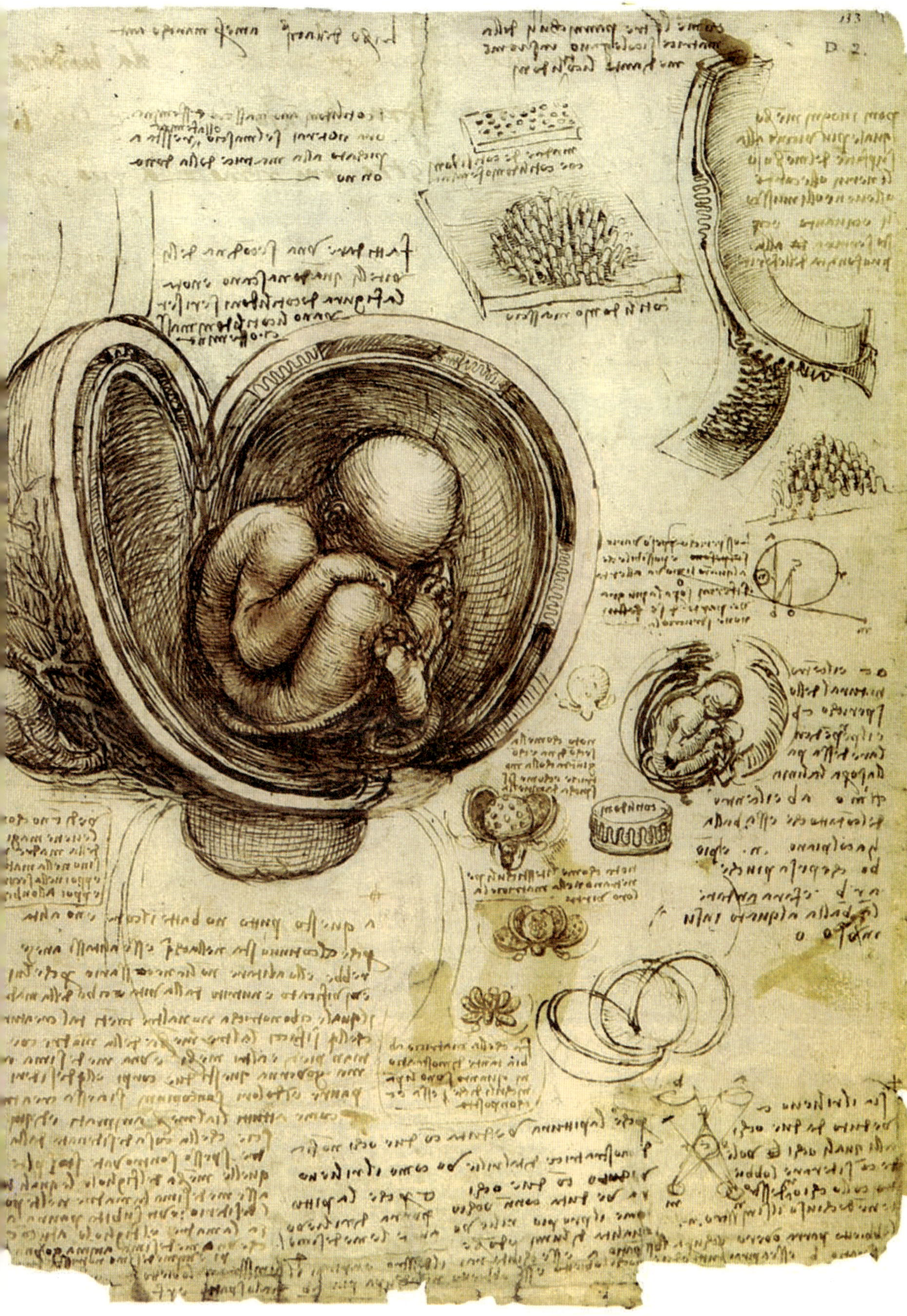

牛的心脏

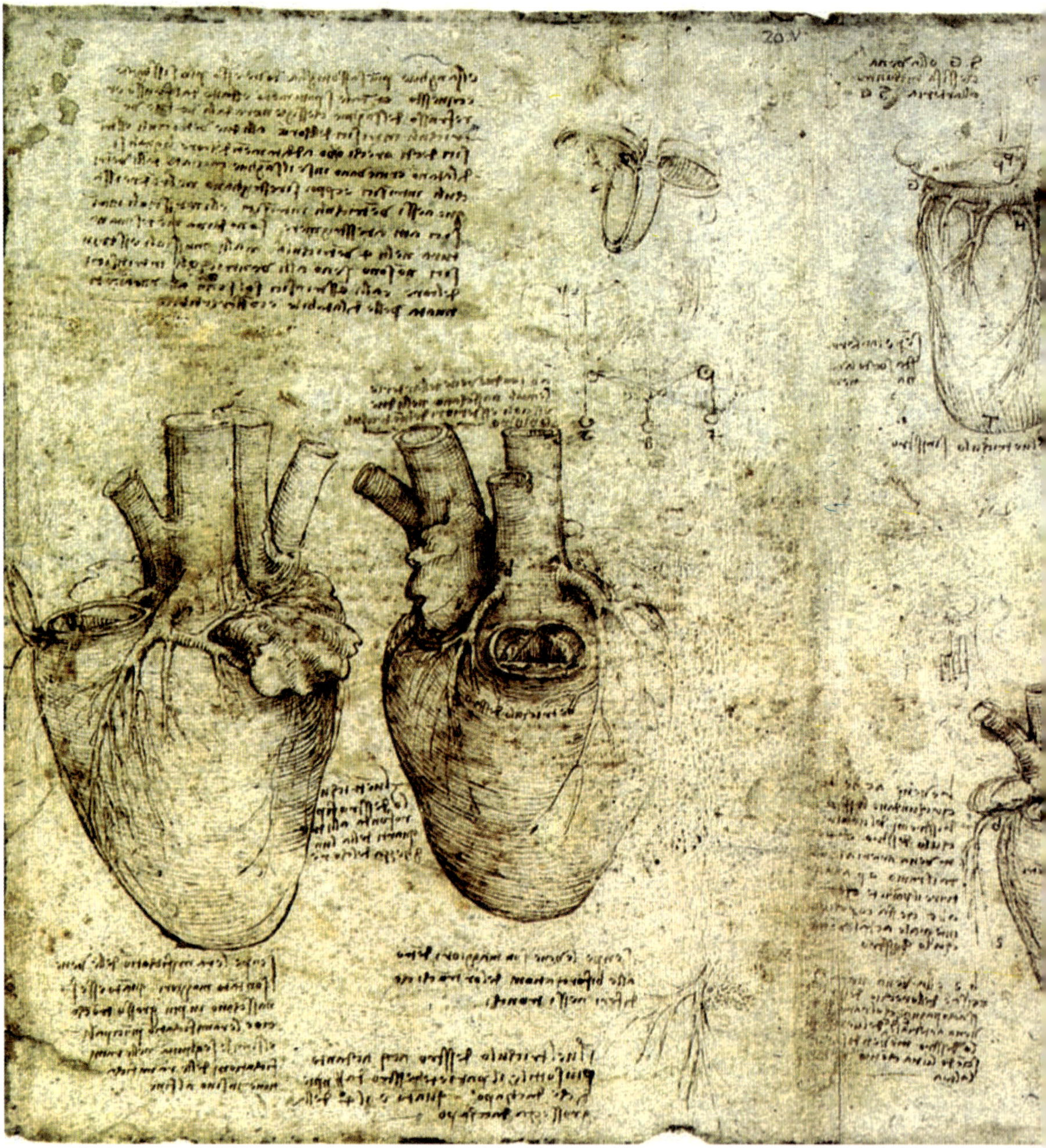

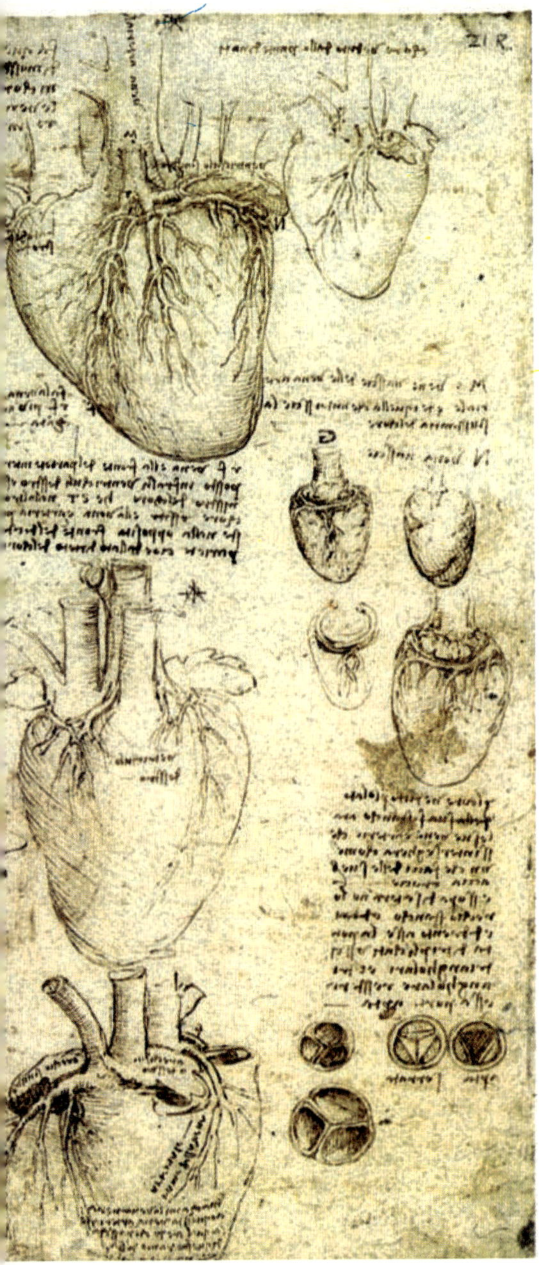

伦敦温莎藏品雷欧尼收藏部分中的这幅画的尺寸比列奥纳多·达·芬奇卢浮宫常用纸张的尺寸整整大了一倍。这幅画从各个不同的角度对心脏进行展示。画作的左边表现了肺部大动脉的起点。画作上部的图案则表现了心脏各心室之间的中隔以及心室两侧的侧壁。

中隔在加莱诺创造的体系中扮演着非常重要的角色，因为流入心脏右心室的血液，通过中隔上微小毛孔的过滤之后流到左心室，在这里进行加热的血液之后又从这里流到身体各个部位的各类器官中。

《牛的心脏》
约 1513 年
铅笔素描，蓝色稿纸
29 × 41.2 cm
温莎藏品，伦敦

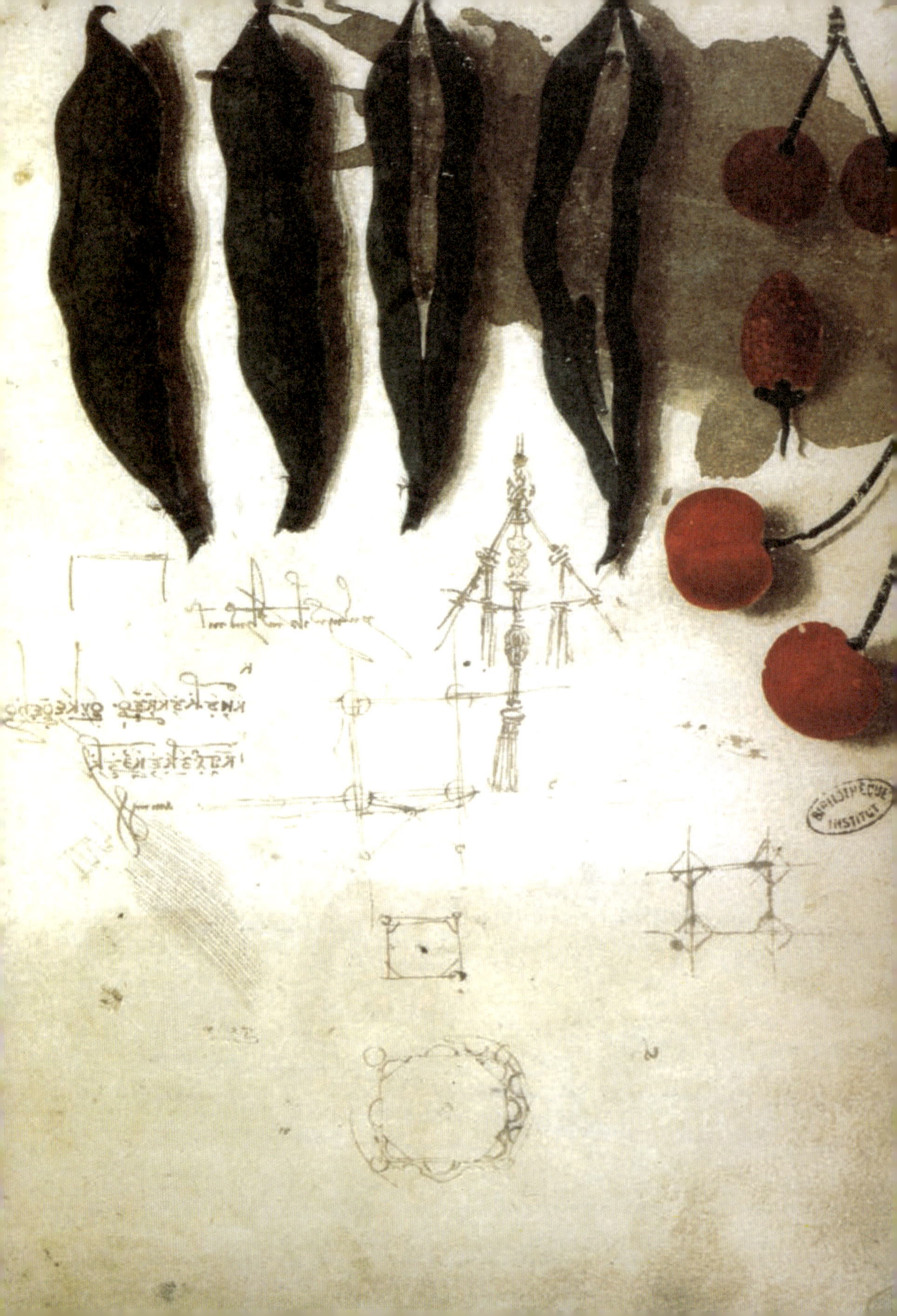
BIBLIOTHEQUE INSTITUT

列奥纳多笔下的大自然

“虽然人类的聪明才智可以创造，可以发明，但却永远无法创造比大自然创造的更加美丽的事物。”

关于列奥纳多的成长这个问题多少显得有些庸俗，但是正是想要把一切都弄个明白的精神让他的天赋得到了自由的发展。当然，遇到列奥纳多·达·芬奇卢浮宫这样特殊的例子，前面提出的问题很可能显得有些多余。不过，如果我们非得在他的成长道路上找出个什么指导因素来，那么，我们不得不再次提到列奥纳多自己已经重复多次的话：列奥纳多的老师，毋庸置疑，就是大自然。

只要你做任何事情都从大自然出发，大自然就一定会对你有所回报。列奥纳多的艺术观、他的科学直觉和他有关人体的各种笔记无一不来自他对大自然无所不包、不设任何限制的理解。这一点正好可以解释为什么他的风光画中头发的弯曲程度和水流形成的旋涡那么相似。再举一个简单的例子，列奥纳多从自然中学到的东西随后又被他用到了各个完全不同的领域：他对植物的研究让他的绘画作品增色不少；对地图上早已确定的地点的考察最后却承担了更多的城市规划和军事防御职能；一幅描绘所谓的启示录式的风暴的画作却无意中激发了列奥纳多的文学才能。

大自然是最为慷慨的老师，无论什么时候都乐于向充满好奇的学生施行教育，并随时指点迷津。

《岩石的横向开花》
约 1510 年
黑色粉笔画之上的铅笔素描
18.5 × 26.8 cm
温莎藏品，伦敦

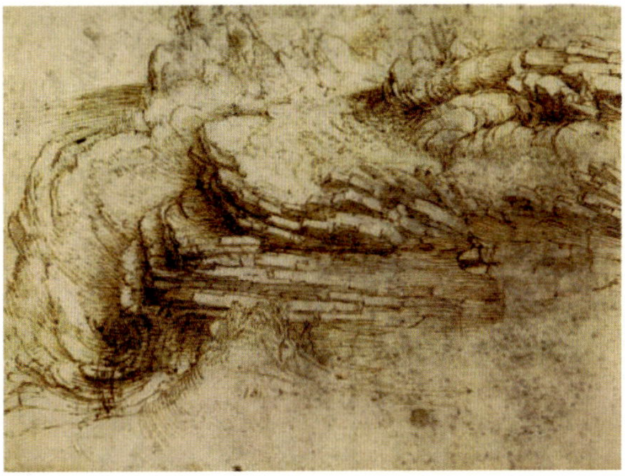

《蔬菜与水果》
纸上的羽毛笔素描
23.5 × 17.6 cm
法兰西学院，巴黎

百合花

这幅画作是现存的列奥纳多植物系列习作中最早的作品，可惜却无法判定它与乌菲齐美术馆收藏的那幅《受胎告知》中天使手中拿着的那枝百合花之间是否存在直接关系，因为二者对花束和花苞的处理完全不同，而且二者倾斜的方向也不一样。

在图案旁找到的针刺痕迹表明这幅习作是用来为某幅画作做准备的。这种方式与收藏在伦敦国家美术馆中的韦罗基奥的作品《圣母子与天使》中的大自然的细节处理一样。这幅画作特殊的用途进一步显示了它与其他植物习作之间存在的本质的区别，即后者只在整体上有意义，是为其他画作做准备的习作。

对花朵不规则边缘的关注以及花朵上光影等细节的关注约莫反映出荷兰绘画，特别是雨果·凡·德尔·高斯和彼得罗·波尔蒂纳里画作的影响，而这幅画坚硬的边缘却与韦罗基奥和吉贝尔蒂的金属作品颇有渊源。

《百合花》
约 1472~1475 年
灰色粉笔纸上的羽毛笔素描
可熨烫至画板上
31.4 × 17.7 cm
温莎藏品，伦敦

199

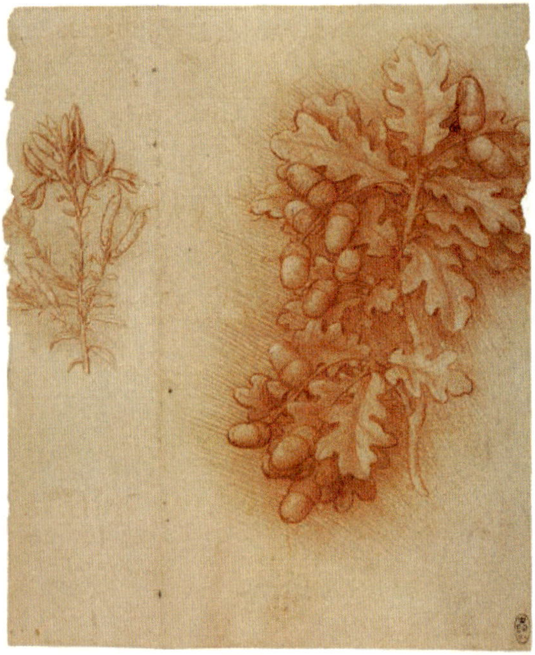

《圣栎木与染料木的枝叶》

1506~1508 年

血红色，凹凸部分白色，画稿红色

18.8 × 15.4cm

温莎藏品，伦敦

《浆果的枝叶束》

1506~1508 年

血红色，凹凸部分白色，画稿红色

14.4 × 14.3 cm

温莎藏品，伦敦

《禾本科植物的花叶习作》(局部)

1481~1483 年

预备纸金属点上羽毛笔素描

18.3 × 21 cm

学院美术馆，威尼斯

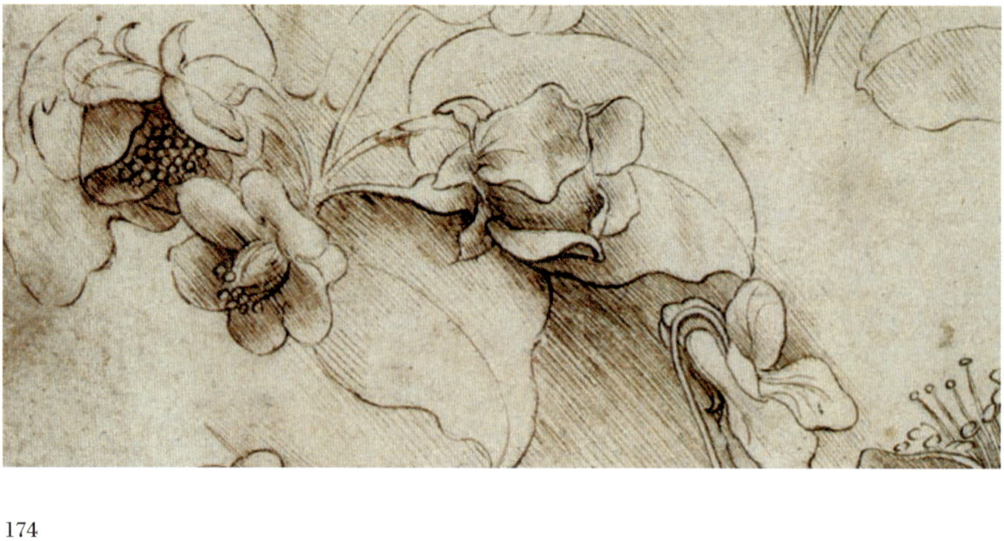

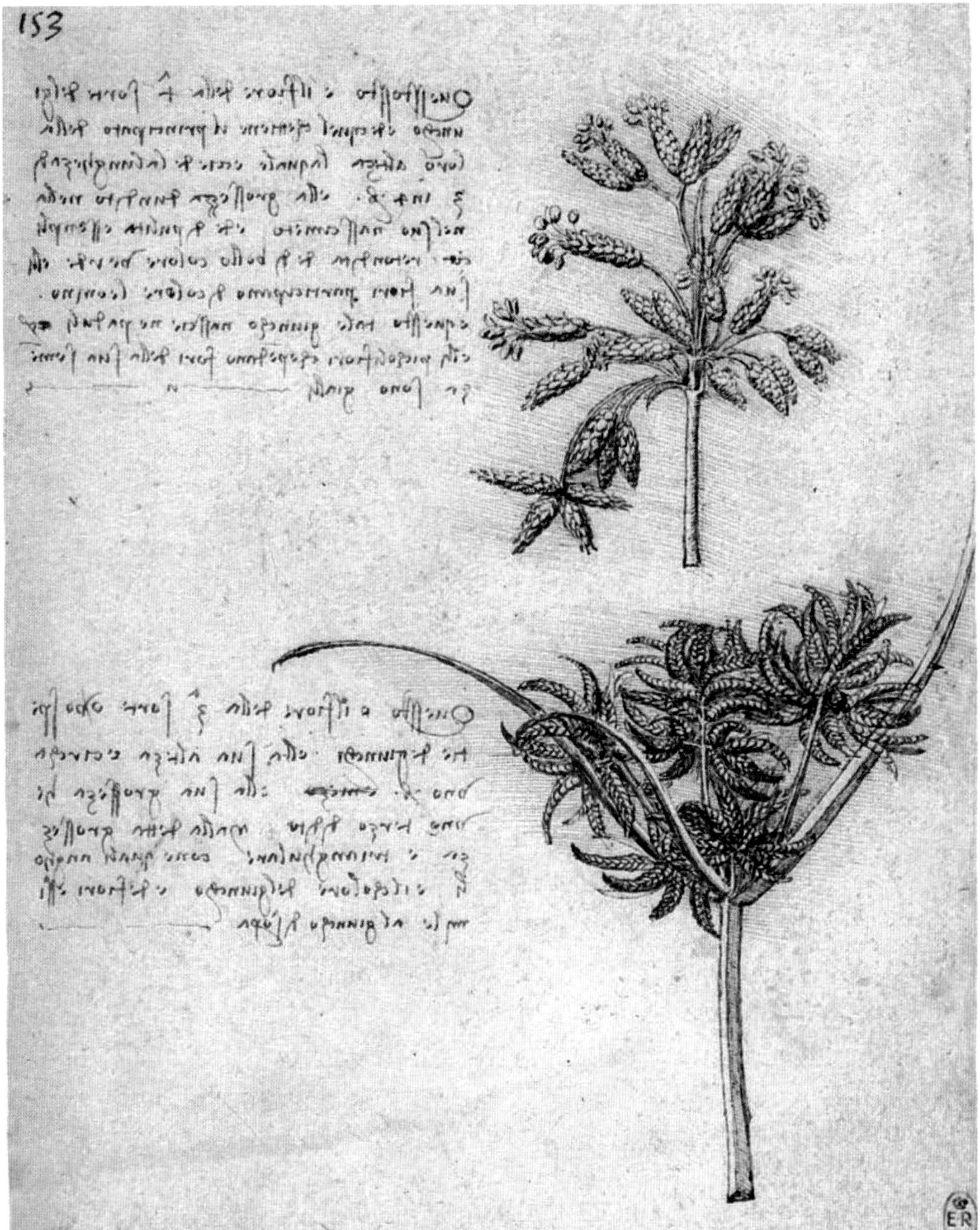

《湖与山地铁荸荠的茎干》

约 1510 年，铅笔素描，黑色粉笔勾画，19.5 × 14.5 cm

雷欧尼收藏部分，温莎藏品，伦敦

《伯努斯圣母》(局部)
1475~1478 年
油画,从画板到画布
48 × 31cm
艾米塔吉博物馆,圣彼得堡

列奥纳多在他的《绘画十论》中这样写道:“植物的枝杈从主干上怎样分出来的,同一年的叶子就怎样从枝杈上分出来。这些叶子一片接一片地分生出来,共有四种不同的方式:第一种,也是最常见的一种,即植物上半部的第六片叶子总是长在下半部第六片叶子之上;第二种,即植物上半部的三分之二处总是处在下半部三分之二处之上;第三种,上半部的三分之一处位于下半部三分之一处之上;第四种则适用于枞树,即树叶总会长成一排……”

这类海三棱藨草植物习作和与《丽达》相关的红色粉笔画的习作技术上迥然不同,后者大概是晚几年以后的作品。图形的设计以及图案与注释之间的关系,不但包含了一个系统性的内容和一种绘画技巧,而且也表明这些插图可能属于温莎藏品中最后几幅解剖学画作中提到的“草的习作”。当然,这两幅习作中都暗含着作者按类区分的愿望,同时也反映出作者在寻找不同的几何变化。

其中一幅画中我们可以看到:“这是一朵第三种类型的花,或者说是一种茎干,大约有人的手臂那么长,手指三分之一那么粗。”但是这里提到的茎干却是三角形的,三个角的角度完全一致,植物和花的颜色与上面提到的极为相似。

列奥纳多画室
《丽达》(局部)
约 1510 年
画板油画
130 × 77.5 cm
乌菲齐美术馆
佛罗伦萨

《受胎告知》
1470~1473 年
油画，丹配拉画，画板
98 × 217 cm
乌菲齐美术馆，佛罗伦萨

伊莫拉地图

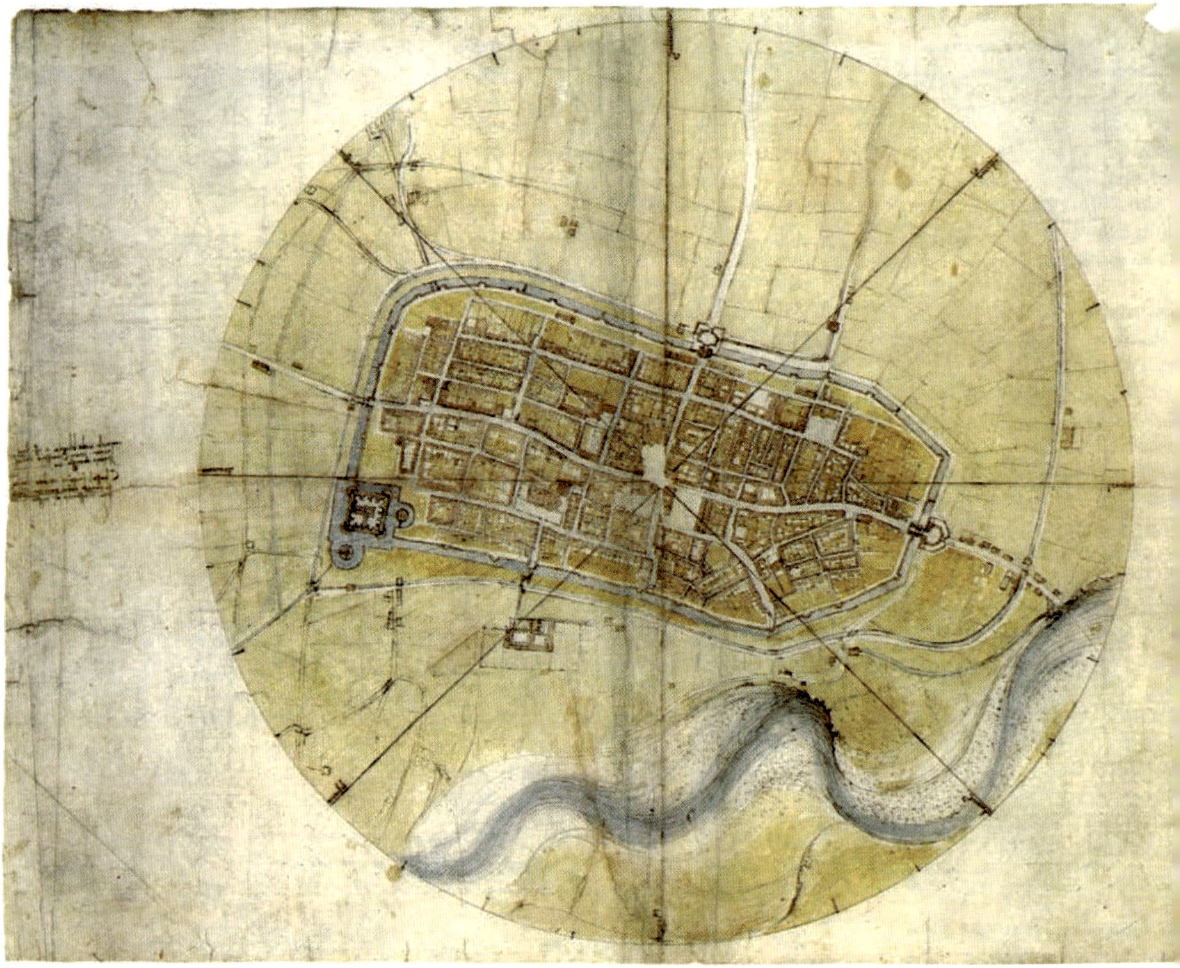

《伊莫拉地图》
约 1502~1503 年
素描，水彩
44 × 60.2 cm
温莎藏品，伦敦

温莎藏品的画作中，有一幅伊莫拉地图，详细绘制了伊莫拉城区及其防御工事。整幅地图被描绘成圆形，城市处在圆圈的中心，而半径则作为方向。地图旁边的注释中标明了伊莫拉可以看到的不同的广场（波罗尼亚、法恩莎、佛里等）以及它们与伊莫拉城之间的距离。

1502年起，列奥纳多开始了与两位颇具影响力的人物契莎雷·鲍其亚和尼科洛·马基雅维利有所接触，这幅地图就绘制于这一时期。鲍其亚精力充沛、意志坚定，为了达到目的，不惜动用各种手段。此外，他还是一名老谋深算的政治家和老练的军人，野心勃勃，才智过人，优点和缺点都十分明显，曾作为一个绝佳的例子出现在文艺复兴时期。而马基雅维利则把契莎雷·鲍其亚形象的力量变成了自己的作品《王子》（1521~1522年）的核心人物。该书的中心议题集中在希望建立一个强有力的政府的统治者应该具备的能力和特点上：作为国家和权力的化身，王子生来就免受各种常规道德规范的约束。当然，这部作品并不是为了宣扬王子不受道德规范约束，而是指出，当手中掌管着整个共和国的命运时，统治者应该如何当。实际上，马基雅维利从美第奇家族败落之后就参与了佛罗伦萨共和国的统治。1512年美第奇家族东山再起之后，马基雅维利就锒铛入狱，从此，他的政治生命就被边缘化了。

这幅地图很可能是出于军事防御的目的绘制的。因为1502年契莎雷·鲍其亚因为手下亲信的叛变而不得不躲在城里避难。经过路易十二从中斡旋，大公和叛乱者之间达成了协议，但契莎雷·鲍其亚却仍然不忘在当年12月攻下司妮高妮亚的庆功宴上让叛乱者们出丑。

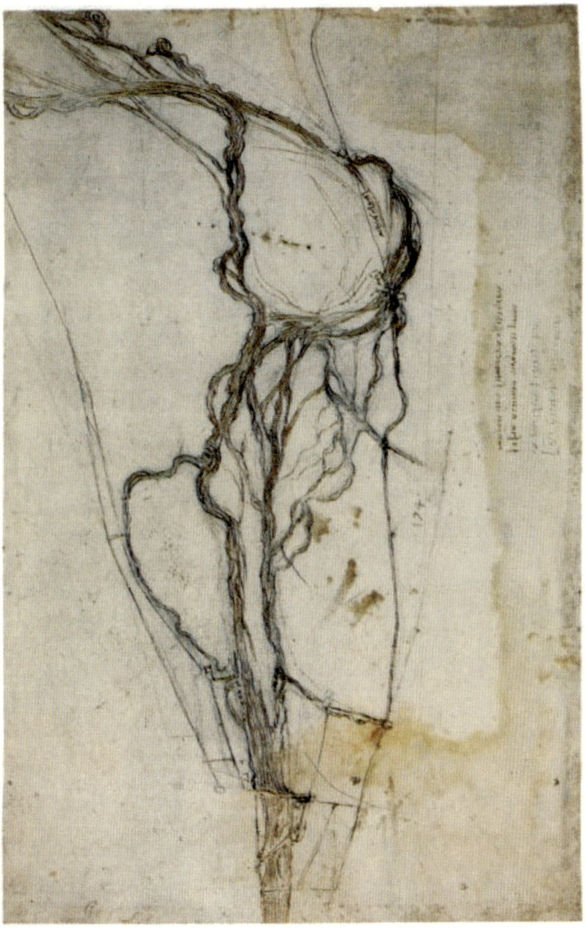

《佛罗伦萨西南的阿尔诺市地图》
铅笔素描

《托斯卡纳地图》
约 1502 年
羽毛笔素描，水彩
33.8 × 48.8 cm
温莎藏品，伦敦

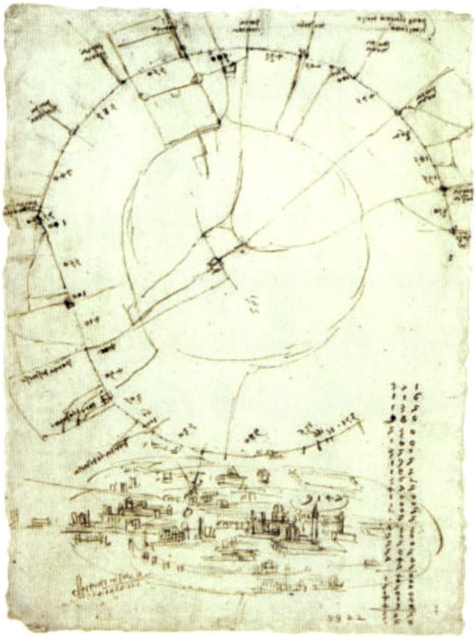

列奥纳多利用这个时期在意大利四处旅游。就是在旅途中，列奥纳多仍不忘为经过的城市精心绘制美丽的地图。最后，这些地图却成为列奥纳多那个时期最具代表性的作品。

《米兰城市草图》
1508~1510 年
《亚特兰蒂斯抄本》，安波罗修美术馆，米兰

这些地图结合了艺术性与科学性，是伟大的作品：河流的枝枝蔓蔓、确定土地结构的方向、由山峦组成的防御线、令人惊叹的山谷……这些地图中最令人惊叹的作品是佛罗伦萨北部西耶纳、伯尔塞纳和阿芮佐地图。毫无疑问，这是凯莎·博尔贾出于战略需求，亲自恳请列奥纳多绘制的。

就这样，在这儿，就像很多别的时候那样，列奥纳多从接受委托开始，或从某个寻常的题材入手，将其升华，使其达到人类从未想象过能够达到的高度。这些地图就这样，从简单的图画，带着极为充分的理由，变成了人们眼中的艺术品。

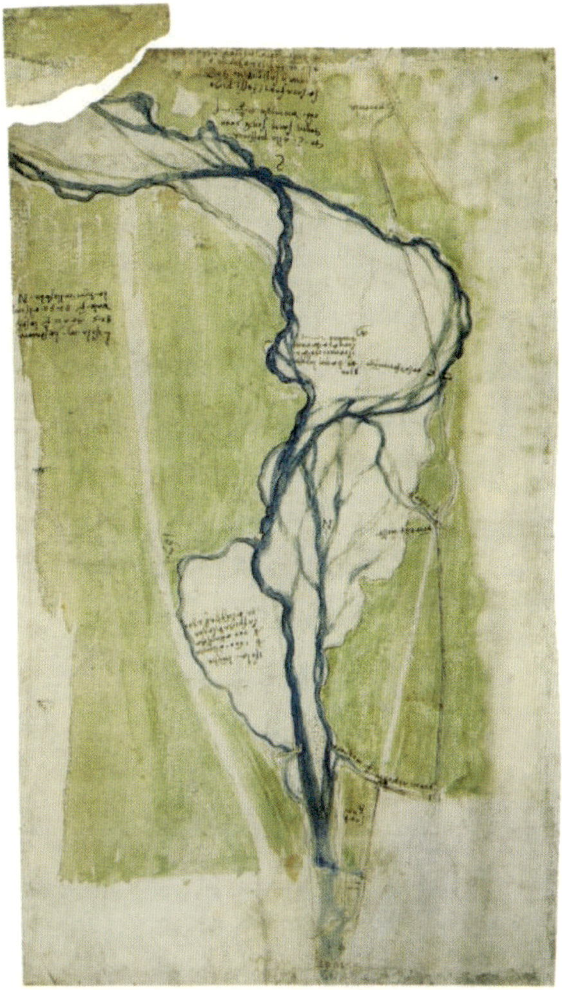

《佛罗伦萨西南的阿尔诺市地图》
铅笔素描
42.2 × 24.2cm
温莎藏品，伦敦

《阿尔诺地图以及建议挖掘的运河》
黑色粉笔画之上的铅笔素描
33 × 48.2 cm
温莎藏品，伦敦

水流动与下落的习作

1508年，与列奥纳多回到米兰凑巧的是，他的兴趣主要集中在了绘制大自然的习作上。具体来说，这一时期，列奥纳多开始创作以水为主题的习作，其中的某些作品，堪称画家最令人惊叹的杰作。

也许这些作品整体上展现了《焦孔达夫人》作品中引起人们猜测的水利区域，或者与《女性主要器官、血管与泌尿系统》（1507 年）中展现的解剖学领域有关。就像前面提到的那些画作一样，这些作品在素材处理方面达到了顶峰。毫无疑问，这是因为在这些作品中，列奥纳多整合了以前的全部相关知识，以及在此之前曾在绘画中仔细研究过的现象。当然，这不是简单的技术性绘图，因为列奥纳多那种形式上的喜悦在图中表现得十分明显。正是这种喜悦之情，使得列奥纳多的实验性绘画或者他的特立独行的作品如此明确地从那些足以载入史册的历史时刻中脱颖而出。

列奥纳多对水的痴迷众所周知。水活泼调皮的线条以及重复性的曲线一直都吸引着列奥纳多。作为画家，列奥纳多经常将水用作描绘对象的背景。作为工程师，列奥纳多建造了引导、推动和使用水的机器或装置。但是，如果我们试图用当代的科技手段来验证列奥纳多的习作，那是很危险的。事实上，如果没有古希腊关于大自然讨厌空白的古老科学理论和亚里士多德以水流的“逆蠕动”理论著称的物理学基础，列奥纳多关于运动的理论也将成为无本之木、无源之水。

列奥纳多关于水运动的习作就同这样的假设有关。因此，船之所以能够在水中航行，主要是因为动力，但同时也因为船头激起的水花回落之后推动着船向前行驶。

《水流动与下落的习作》
约 1508 年
铅笔素描，黑色粉笔渲染其他部分
29.8 × 20.7 cm
温莎藏品，伦敦

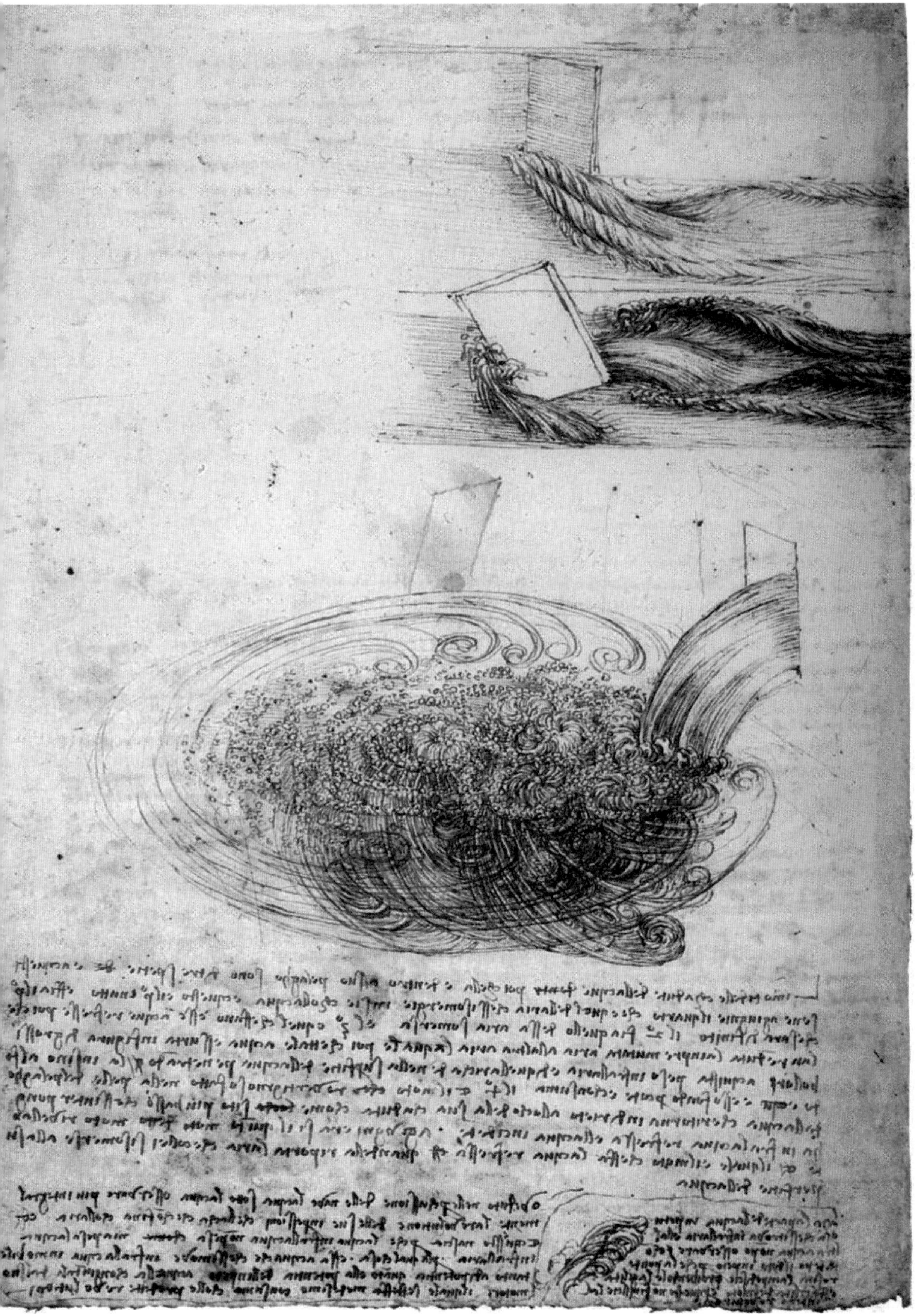

《阿尔诺防波堤与水土流失地区地图》
约 1504 年
铅笔素描，水彩
23.6 × 41.6 cm
温莎藏品，伦敦

温莎藏品中那幅著名的水车习作，集中表现了列奥纳多在从前的系列画作中曾经仔细研究的现象：水波的流动。水波的流动曾在一段时间内吸引了他的注意力。对列奥纳多而言，水波的流动既是反射的，又是偶然的。水波的反射性是受到撞击后反弹上升过程中产生的，而偶然性则是水从高处落下时产生的：水流在改变自身通常状态时，不是因为受到阻力，而是出于重力的作用。在列奥纳多看来，水波是波的传播中常见问题的一个特殊表现。空气的情况也是如此。空气与水的相似之处促进了列奥纳多的研究："空气就像河流一样流动，拖动云朵，就像河中流动的水把河里一切静态的事物都冲刷走了一样……在运动方面，不管何种形式，水与空气极为相似。"这种从观察中得来的规律性认知很快就对列奥纳多的绘画作品产生了影响。大师对于水的汹涌之态，比如旋涡的兴趣值得我们另辟一章专门论述。

在旋涡中，重力对形成阻碍的水墙起着双重作用：一方面使水流形成圆形运动；另一方面则产生垂直作用，使水的流动成为可能。这一规律很快就得到了更为广泛的应用，例如，反应在列奥纳多笔下圣母马利亚装饰性的蓬蓬卷发和其他画作中的蔬菜形象之中："仔细观察水面的流动和人的头发有什么相似之处。"（参见《丽达》的预备画作以及《圣安娜，圣母子和绵羊》中圣母的衣袖的各个习作）

和生活中的普遍现象一样，列奥纳多毫不犹豫地把上述想法和道德呈现联系在了一起。圣赫罗尼莫就是这样的一幅作品，画中的狮子就代表了圣徒的呐喊；《安吉亚里之战》也是如此，列奥纳多将人与兽的意义和表达方式联系起来，使整个画面充满了暴力的痕迹；在《最后的晚餐》中，基督说的话，迸发出波浪般的力量，在各位圣徒紧张的内心引发了一阵波动。

《流经山崖的河流》
约 1483 年
铅笔素描
22 × 15.8 cm
温莎藏品，伦敦

洪水中的城市

温莎藏品中题为《洪水图》的习作是列奥纳多作品中最具创意和最令人赞叹的一组作品。表面看来,这组作品试图为地球的毁灭提供一个启示录的视角，但实际上画家却不得不用手写的注释来进行说明。动物、植物、城市、房屋和山峦的逐渐消亡,可以看作是大自然超常力量造成的结果。

列奥纳多终其一生，以科学的态度研究水、水流、旋涡以及波浪的形成、发展和撞击。就在连接思想与感受的这种触摸不到的转换中，列奥纳多将自己的科学理念融入艺术作品之中。他为水谱写“赞美诗”的创作思路被水与土地之间的巨大战争拦截了，这一丁点儿也不奇怪。然而,列奥纳多并没有为大洪水绘制一个不确定的形象,而是以简单明了的图案,使水这个素材按照自身的规律来表现。列奥纳多做的，只是把这种表现活动当作一种真实的现象来进行仔细观察。

《洪水中的城市》
约 1515 年
黑色粉笔画
16.3 × 21 cm
雷欧尼收藏部分
温莎藏品,伦敦

在一段描述性文字中，列奥纳多强调了当水积蓄了很大力量时会对自然产生的影响：

“乌云密布，天幕低垂，狂风肆虐，大雨倾盆，连绵不绝，偶尔夹杂着冰雹，狂风卷着吹落的枝叶，从东到西，又从西到东。几十年的大树被连根拔起，被风卷挟着四处横扫；山峦被湍急的水流拍打着四碎而去；山崩地裂，峡谷被填平；往日平静的河流吞噬了无以计数的人与物；在许多的山峰的顶部仍然可以看到受到惊吓的各种动物，它们成群结队，把拖家带口逃难的男男女女们围在中间；大地上水流四溢，水面上静静漂浮着各类木板、床架、船只和其他可以用来逃生的工具和必需品，上面挤满了男男女女和他们的孩子们。

《大洪水习作》
约 1515 年
纸上素描，16.2 × 20.3cm
雷欧尼收藏部分温莎藏品，伦敦

逐步的吞噬

大自然惊人的力量

“人们抱怨着、呻吟着，被怒号的狂风吓呆了。狂风大作，卷起波浪和溺水的人们，又把他们狠狠地摔回水中。露出水面的地方，没有哪儿没被各种动物占据的；动物们暂时忘却了各自的恩怨，因为恐惧而聚集在一起；动物之间还包括狼、狐狸、蛇和所有逃出生天的物种。波浪摔碎在岸边，压着溺死的人们，又让一些存活下来的人们丧失了生命。”

《骑手与树上的龙卷风》是列奥纳多最不同凡响的画作之一。作家在这幅作品中引入了想象的元素，使画中的形象变成了舞台造型艺术的一种表现。虽然强有力的台风和波浪从地面上卷走了树木和马匹，但是在这幅画的上半部分列奥纳多绘制了许多天使，隐匿在漫天的乌云之间，似乎正在酝酿风暴。愤怒的大自然摧毁了树木、动物和人类。绝望的人和动物们躲藏在马匹身下，或者紧紧地抱住一棵小树。就这样，画家透过物体的行为来表现大自然的力量。

关于这一点，列奥纳多自己也补充道：“你可能会认为应该指责的人是我，是我表现了空气流动的途径，因为我们的确无法看到风在空中的流动。我要告诉你的是，我们看到的不是风的行为，而是通过被风卷起的事物的行为，我们才能在空中看到风的影子。”

舞台造型艺术的一种表现

强烈的台风和波浪

大自然摧毁了树木

此外，这些作品还同时展现了列奥纳多的文学禀赋，再次证明列奥纳多是人类历史上已知的学问最全的人物之一。

“你们可以看到一些人群，手持武器，捍卫着所剩无几的空间，而周围全是寻求救援的狮子、狼和爬行动物。哦！电闪雷鸣在乌黑的天幕中回荡着，多么令人害怕的声音啊！雷电咆哮着，四处发怒发威，所到之处摧毁一切，撼动了所有阻挡的事物！噢，你们看，那么多人都用手捂着耳朵，以躲避狂风暴雨和天上的电闪雷鸣交织在一起而产生的巨大的声响！另外一些人，紧闭双眼也似乎略嫌不够，还用双手蒙住眼睛，不去看那上帝在人类面前爆发的愤怒！

“噢！有多少叹息和哀号啊！多少人因为害怕而加快了脚步！多少船只全军覆没，一些还保留着基本形状，另外一些早已四分五裂，而人们还在不断努力挣扎着逃生，表情难受，动作痛苦，而让人不得不联想到可怕的死亡！还有一些人，表情绝望，自绝于天下，因为他们心中充满了绝望，无法承受如此巨大的痛苦，这些人中有些正在往悬崖上攀登，有些正在用双手掐脖子；一些人抓起自己的孩子往地上摔，一些人用武器自

《骑手与树上的龙卷风》
约 1518 年
羽毛笔素描，黑色粉笔打底
灰色和水洗稿上留有白色痕迹
27 × 41 cm（不规则）
雷欧尼收藏部分
温莎藏品，伦敦

杀，还有一些人双膝跪倒在地，一副听天由命的样子。

“噢！多少母亲为怀抱中溺死的孩子白白哭泣！他们向天举着手臂，用哭哑了的嗓子高声咒骂着发怒的上天！其他一些人，双手紧握，手指紧扣，啃着自己的手，嘴角流血，那种钻心的疼痛让他们痛得弯下了腰。

“那儿，你们能看到成群的动物，有马、牛、山羊和绵羊，都被围困在水中央，挤在山顶小块的空地上一个一个挨挨挤挤的，中间的逐渐占到了其他动物

《岩石风景中的大洪水》
约 1513~1515 年
纸上素描，15.7 × 20.3 cm
雷欧尼收藏部分，温莎藏品，伦敦

身上，站得越来越高，彼此之间你争我斗，很多动物因为窒息而丧生。鸟儿只能在人或其他动物身上落脚，因为它们找不到任何没有被其他生物占据的土地空间。但就是这样，饥饿，这位死神派来的使者，也没有夺取大部分动物的生命。因为死去后腐烂的躯体正在从水中漂浮起来，一直上升到高处汹涌的波涛中，推来搡去的波浪，就像充满空气的圆球，漂来漂去，将无数的尸体葬入水中。在这样的灾难之上，天空中乌云密布，偶尔出现的闪电划过天际，在这儿或那儿照亮漆黑的大地。”

上述大部分画作创作于1514年前后，正值列奥纳多在罗马的逗留时期。这些画作的创作目的至今都不太明确：很有可能，这些画作是为他的《绘画十论》绘制的插图。

对其他创作者而言，这些画作与1513年阿尔卑斯山上发生的自然灾害的场景有着直接的联系。当时的一场山体滑坡将几个村镇完全掩埋在岩石与洪水之下。不管怎么说，列奥纳多在画作中表现出来的仔细的分析和戏剧性创造不得不让人折服。正是这种特征使得上述这些画作作为出自列奥纳多·达·芬奇卢浮宫之手最有利的画作之一而名垂青史。

《前方的山峰与下方的河流》

1506年，血红色，87 × 151 cm，温莎藏品，伦敦

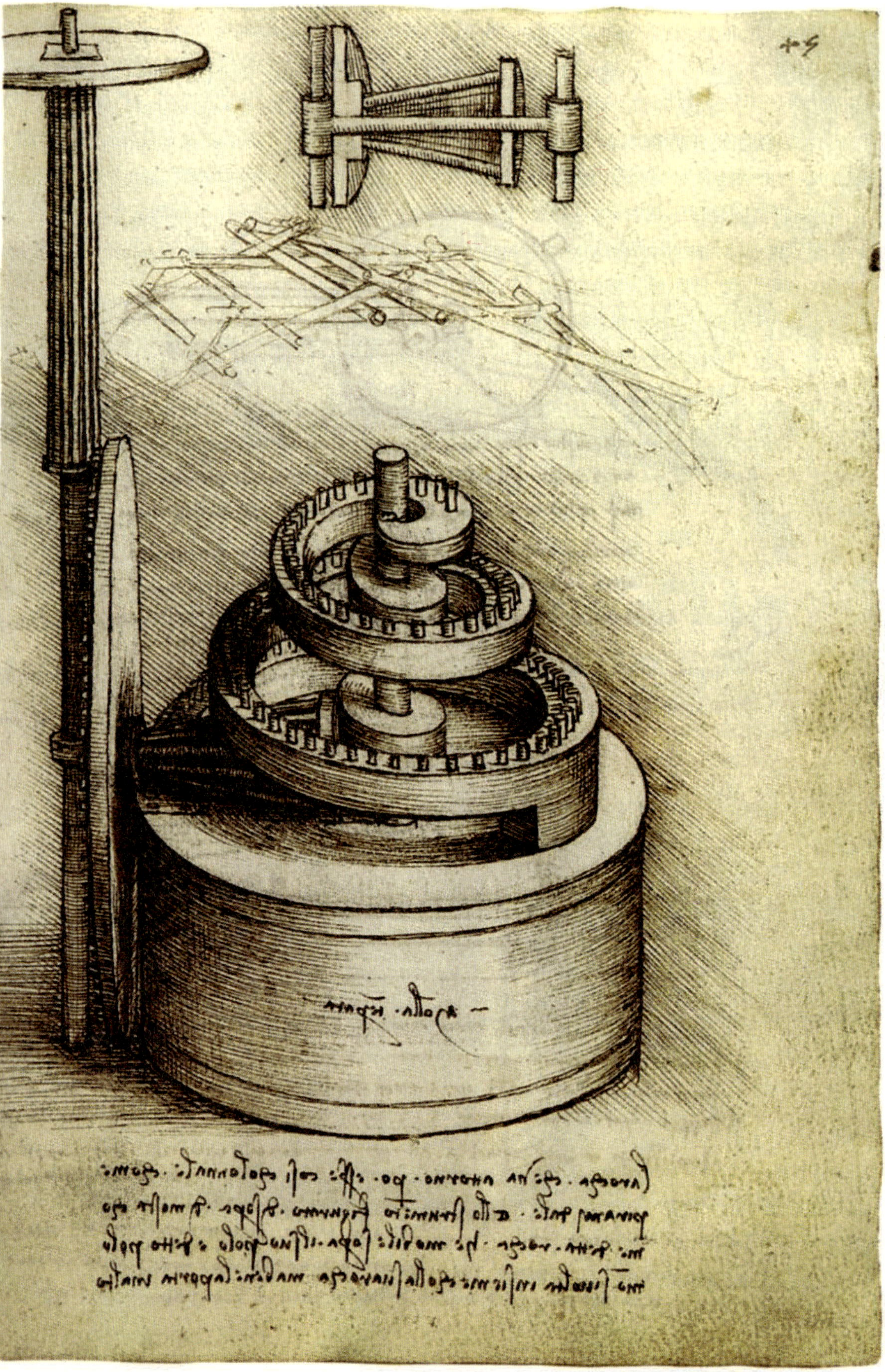

列奥纳多的发明

"如有人心存疑问,认为我说的话无法实现的话,我时刻准备着展示给他看。"

列奥纳多的才华并非仅仅用于让他的捐助者满意，而是完全与之相反，因为这些才赋是列奥纳多创造今生的一部分:他所有的研究和习作产生的不可避免的结果和新的现实造就了他出人意料的事业。在这大自然赋予的成就中,列奥纳多从调查研究和他的发现出发,将结果运用到实践中。与此同时,他的这种努力促成了他发明创造了之前从未存在过的全新的事物。

列奥纳多的发明创造达到了令人惊叹的先进程度。那是因为,在拥有了画家和科学家的敏锐之外,列奥纳多还拥有数学家的分析能力。所有这些禀赋都在他的发明创造中得到了很好的体现。列奥纳多有关物理原则方面的深入调查得到了基于事实的数学理念的验证,极大地方便了他为设计的器具绘制尽可能详细的说明图。

然而,他的数学才能只参与了这些发明的创造过程。列奥纳多最普遍化的想法使得这些图中出现了已被世界广为接受的希腊的各种古老的知识,并且试图让他的注释在纯粹的物理学意义之外大放异彩。在列奥纳多关于飞行器的习作中,他明确指出人类就算装上了乌鸦的翅膀,也永远不可能像乌鸦本身那样快速地挥动翅膀。这一准确的认知很快在技术中得到了应用,但同时也失去了某种哲学教育意义。

《挖掘机习作》
约 1503 年
《阿伦德尔抄本》
大英博物馆,伦敦

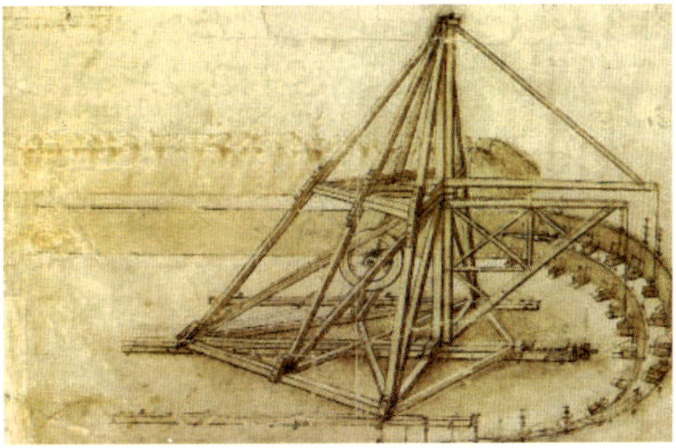

《弹簧枪的螺旋齿轮装置》
约 1498 年
铅笔素描,22 × 30 cm
国家图书馆,马德里

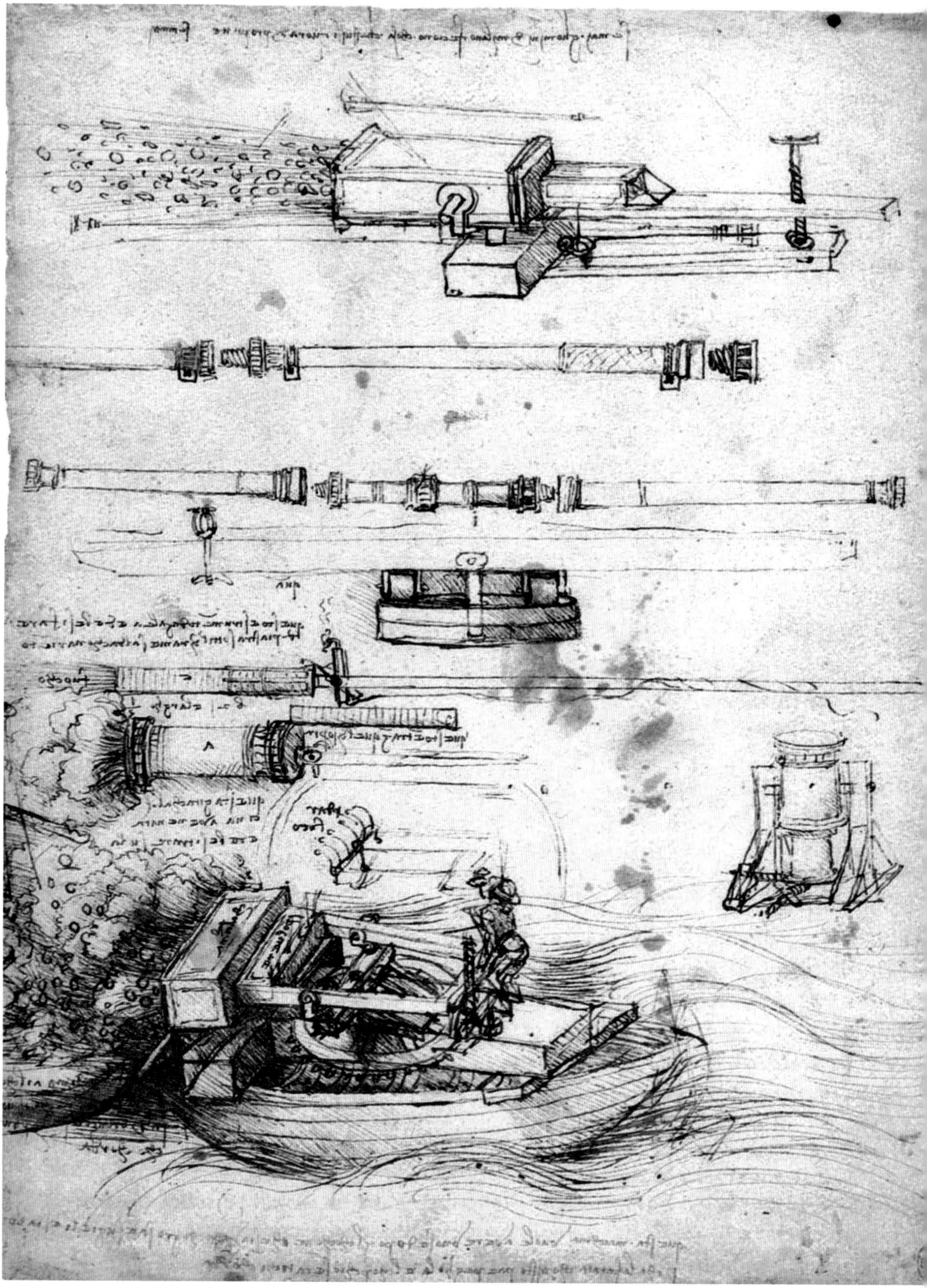

武器

对于军事世界及其需求的研究给列奥纳多提供了一个绝佳的机会，使他可以深入地分析研究科学原理，看如何才能使各个元素以自然的方式协调运转。列奥纳多的草图、建议和设计变成了人体动作的某些研究，以及真正意义上的物理学研究。

《武器》这幅作品的创造源自列奥纳多写给卢德维科的那封有些夸夸其谈的信件。具体来说，这幅画似乎是旁边注释最好的解释："我掌握了制造大口径炮的秘密技能。"这些炮运输方便，

《投石紧绷装置的机械原理》
约 1478 年
羽毛笔素描，20.6 × 26.6 cm
乌菲齐美术馆，佛罗伦萨

《武器》
约 1483 年
铅笔素描
28.2 × 20.5 cm
温莎藏品，伦敦

《军事要塞内部的四门迫击炮的炮弹射击路线》
约 1503 年
铅笔素描
32.9 × 48 cm
雷欧尼收藏部分
温莎藏品，伦敦

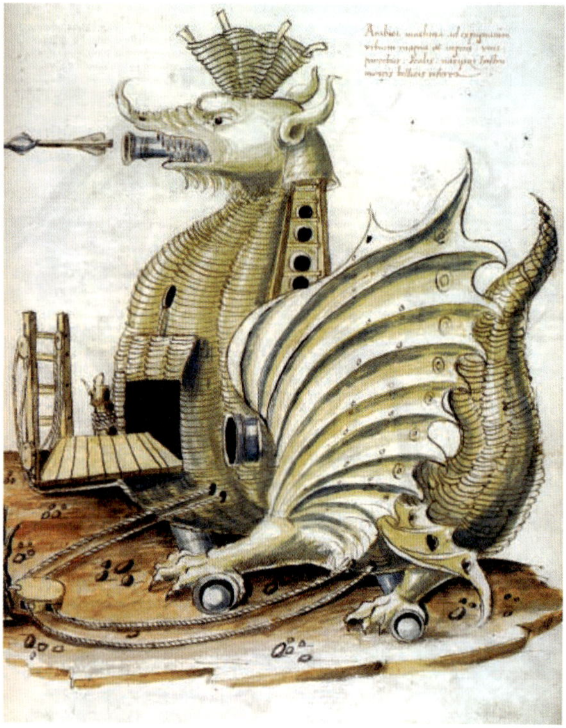

罗伯特·瓦尔图里奥

《军事图之阿拉伯偷袭机》

1472年

梵蒂冈图书馆

使用简单，可以用来抛射小块的石头，使其向冰雹一样砸落，发炮时产生的烟雾会让敌人陷入极大的混乱之中。”同一页图中的其他习作展示了迫击炮和其他各种炮。第三行的炮筒则围绕一条轴线拧紧，以便一枚炮弹发射之后可以再装一枚新的炮弹。图中下方在宽宽的炮筒左侧，列奥纳多绘制了一条小船上安装的六门大炮的点火装置。

在一幅名为《军事要塞内部的四门迫击炮的炮弹射击路线》的画作中，四门迫击炮两门一组，分成两组。《亚特兰蒂斯抄本》中，也出现了类似的形象。这些形象大概都属于同一时期列奥纳多为《安吉亚里之战》绘制的作品。

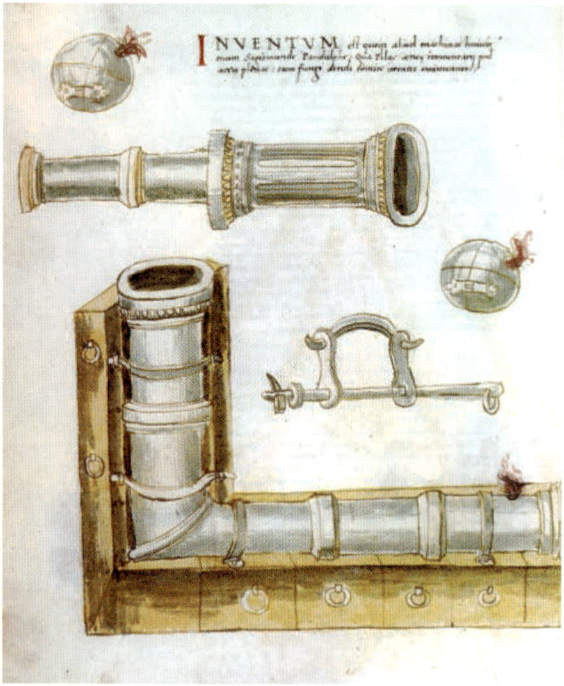

罗伯特·瓦尔图里奥

《军事图之角度炮》

1472年

梵蒂冈图书馆

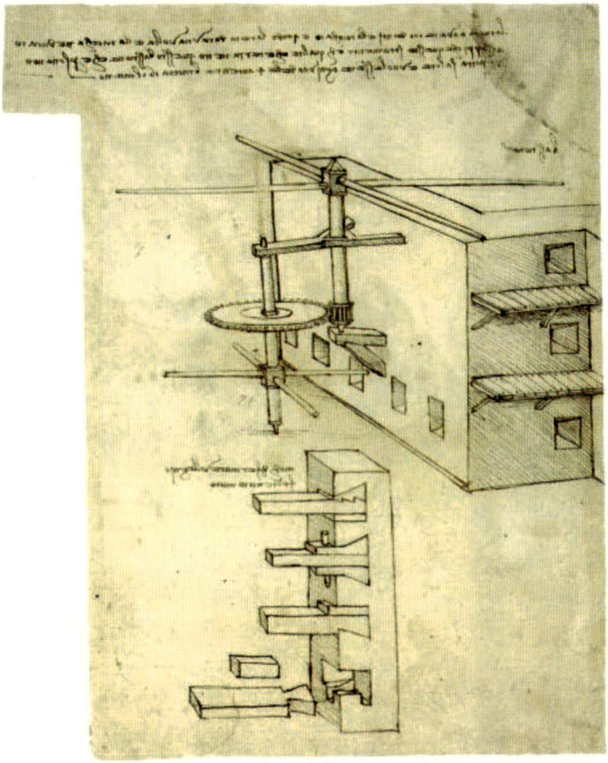

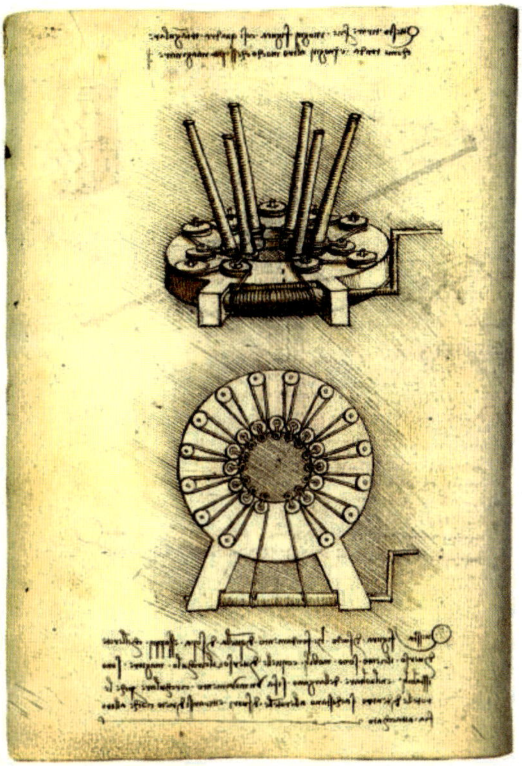

《要塞占领机》
约 1480 年
羽毛笔素描，26.5 × 17.9~20.5 cm
《亚特兰蒂斯抄本》
安波罗修美术馆，米兰

《弹簧枪的螺旋齿轮装置》
约 1498 年
铅笔素描
22 × 30 cm
国家图书馆，马德里

温莎藏品向我们展示了设计迫击炮工作的习作所设计的深度和广度："墙高为 16 braccia（古意大利长度单位，相当于 66 或 68 厘米），而我估计设计的面宽达到了 200 braccia。"这幅图中描绘的拱形弹道反映出列奥纳多在十五世纪九十年代的弹道学研究成果，其中最主要的即对炮筒和迫击炮中发射炮弹的防线有了明确的理解和发展。

所有这些习作都只是一些例子，与其说是一种巨大的军事能力的反应，还不如说是一种用来理解使用火药和其他装置的可能性的理论依据。

锡西厄武装车与车头

列奥纳多对任何有可能帮助他了解事物的科学功能或帮助他增加对大自然新的了解的事物都要进行分析研究。如此一来，列奥纳多对任何领域都不完全陌生，特别是那个让他的那些新的保护者们及其感兴趣的领域：新的军事装置的创造发明。

从古老的模本中获得灵感的锡西厄车曾多次出现在都灵、巴黎或温莎藏品的军事画作中。就在车的下方，列奥纳多写道："……车在自己人中间行进时，应该抬起轴承，以免伤及无辜。"

在某个报告中，关于这种装置的机械原理，列奥纳多写道："这类锡西厄车种类繁多，伤敌的同时还经常伤及自己人。指挥者们表示，它的使用会让敌军陷入极大的混乱，但同时也会伤及自己人，并在自己人中引发恐惧。"

《锡西厄武装车与车头》
约 1487 年
铅笔素描
17.3 × 24.6 cm
大英博物馆，伦敦

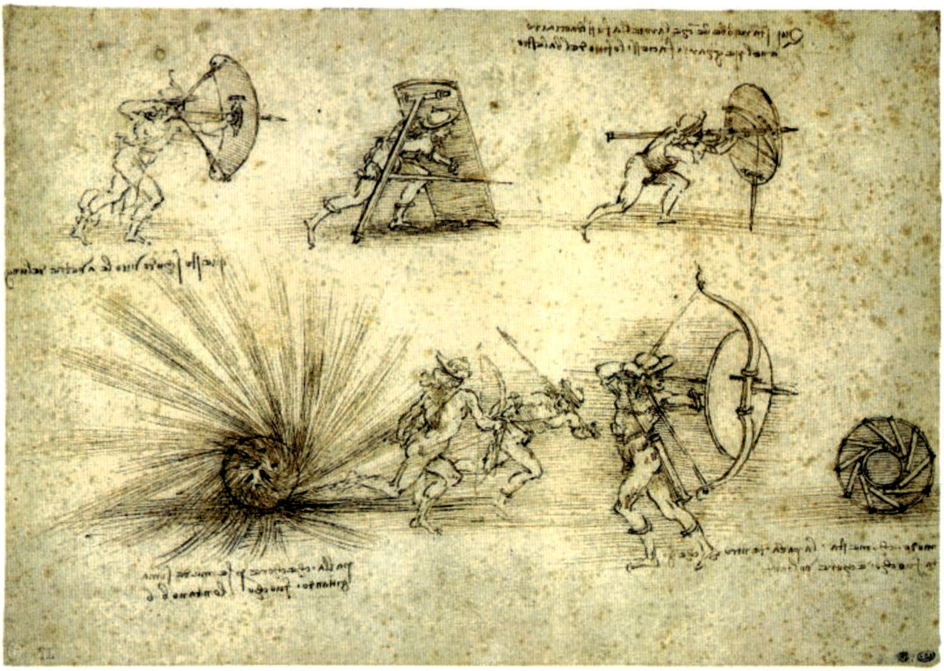

《步兵的盾牌习作与爆炸中的炸弹》
约 1485~1488 年
羽毛笔素描，20 × 27.3 cm
国立高级美术学校，巴黎

步兵可以长驱直入

左下图中的“武装车”没有顶，展示的底部就像一只甲虫。列奥纳多解释道：“这车是如何运转的：八个人躲在车内，同样数目的人在外面推动这辆车来追逐敌人。”

这些描述反映了列奥纳多将其1481 年写给卢德维科的那封大名鼎鼎的信中提到的理想付诸了实现：“我会制造带盖的战车，可以直接冲入敌阵，摧毁敌人的炮兵。在这些车的后面，步兵可以长驱直入，如入无人之境。”

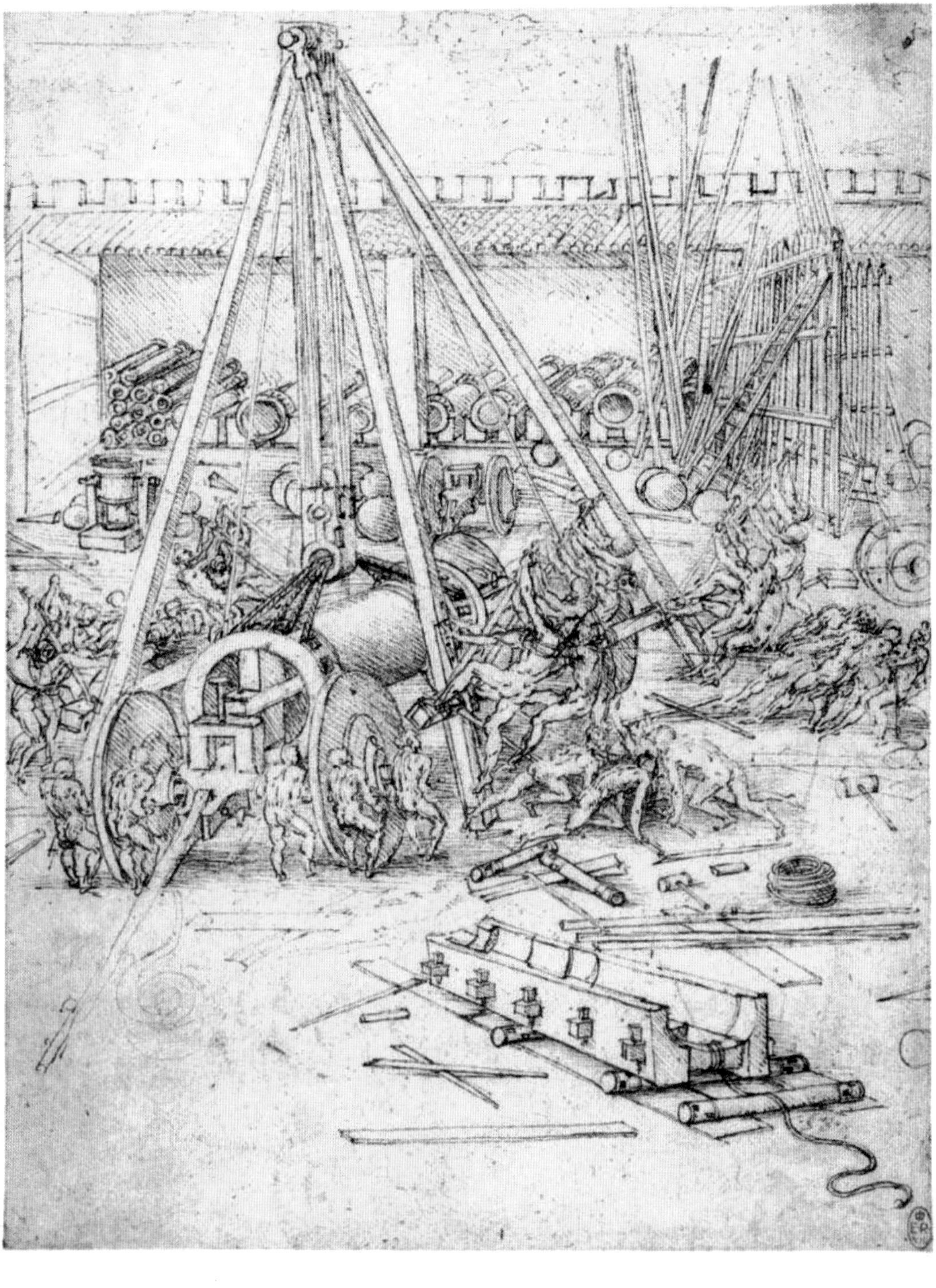

《安装中的炮筒组装装置习作》

约 1487 年，羽毛笔素描，浅棕色稿纸，25 × 18.3cm

温莎藏品，伦敦

人工翅膀试验

列奥纳多是一名不知疲倦的研究者，旨在探求大自然的各个神秘现象。但是作为研究者，他的努力大部分都用来了解物理学的各种情况，尽量使飞行成为可能。这样做的目的绝不是为了单纯地满足他的学术好奇：列奥纳多的思想中，我们能够找到的一个伟大的理想就是建造一架机器，使人类能够飞翔。

列奥纳多有关飞行的习作，主要创作于两个时期：1482 至 1499 年期间（他第一次在米兰逗留时期）和 1503 至他生命终结。

第一个时期以“扑翼飞机”项目著称。所谓的“扑翼飞机”主要是指那些人工再现鸟类构造及其活动的工具，使飞行器变成一种机械鸟。这一时期的理想装置大多安装了扑翼，通过复杂的机械装置把翅膀扇动产生的动力传输给飞行员。既然人类可以发展的能量不够推动这类机械装置，对此感到不满的列奥纳多不得不重新观察鸟类的飞行，以理解飞行的原理。温莎系列珍藏中收录的一幅画作（1510~1512 年）完整地反映了列奥纳多的上述研究。

扑翼

复杂的机械装置

《人工翅膀试验》

1487~1490 年

手稿 B，88v

para a'cer fuercas i le
ban tar pesos

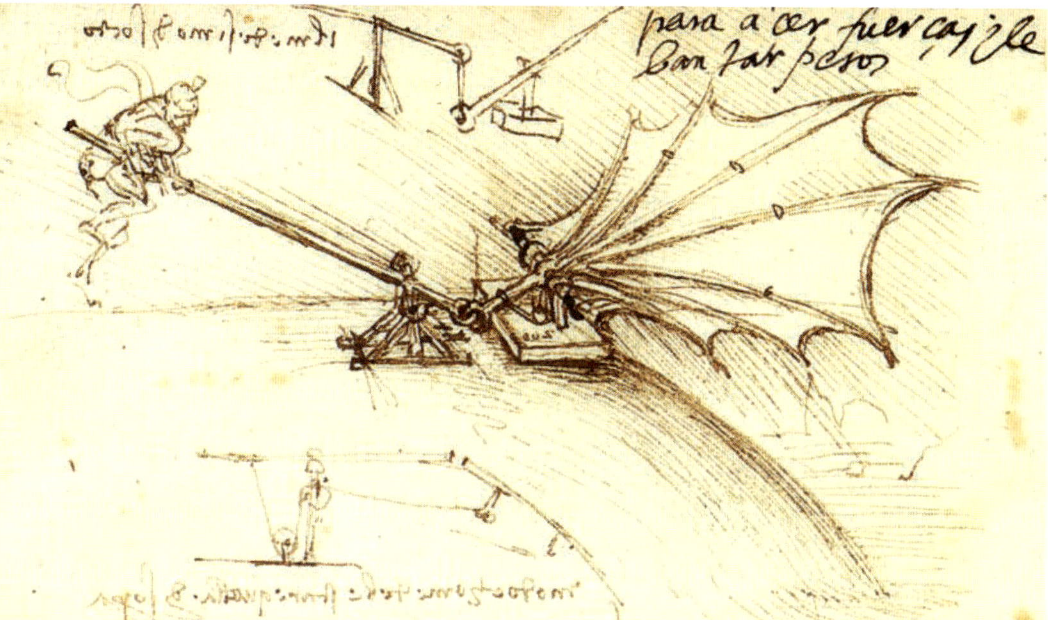

[illegible]

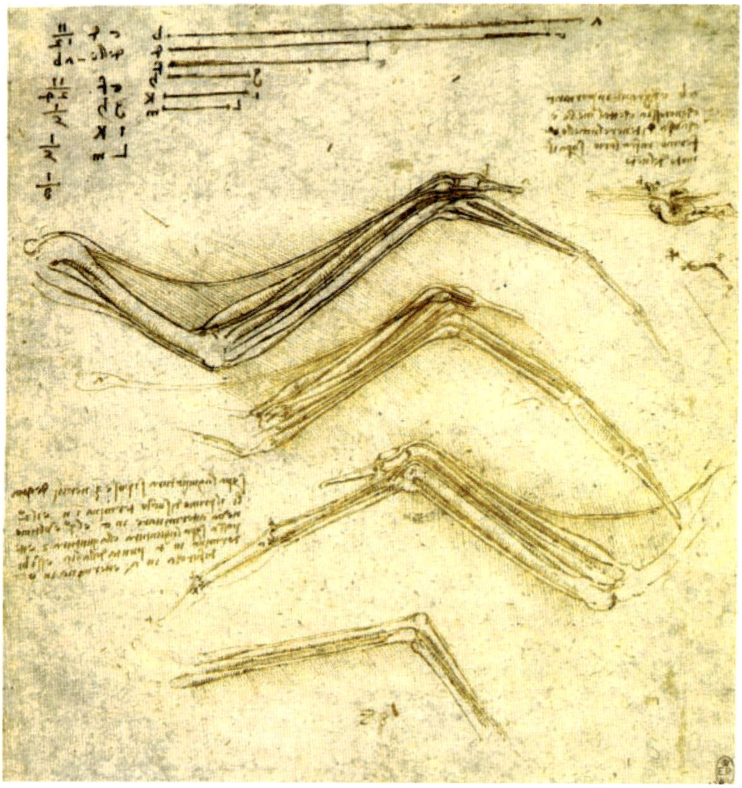

《鸟类翅膀的
解剖学习作
和飞行习作》
1510~1514 年
铅笔素描
黑色粉笔打底
22.4 × 20.4 cm
雷欧尼收藏部分
温莎藏品，伦敦

《名为“直升机”
的飞行器习作》
手稿 B，83v
1487~1490 年

列奥纳多掌握了越来越多的鸟类和人类的解剖学知识。正是这些知识使他确定了人类和鸟类在骨骼、肌腱和肌肉的构造原理之间存在的主要的相似之处。但与此同时，他也明白了二者之间存在的巨大差异阻碍了人类模仿鸟类特有的能量，尤其是载人飞行成为鸟类力量与重量之间协调关系的一大阻碍。列奥纳多这样写道：“挥动鸟儿翅膀的肌肉拥有的力量足以同鸟儿身体其他部分的重量相当。”他还写道：“一个人单纯的力量永远无法像乌鸦那样快速地挥动翅膀。”

这类观察开始于 1503 年前后，其结果是列奥纳多发现只有体形较小的鸟儿才需要靠不停地扇动翅膀来飞行，而中等体形或较大体形的鸟儿，特别是猛禽类，可以利用空中的气流飞行或停留，而只有在极为个别的情况下，比如修改路线或确定方向的时候，他们才会扇动翅膀。因此，这类鸟儿的飞行利用了空气对帆的推动，无须花费太多的力气。

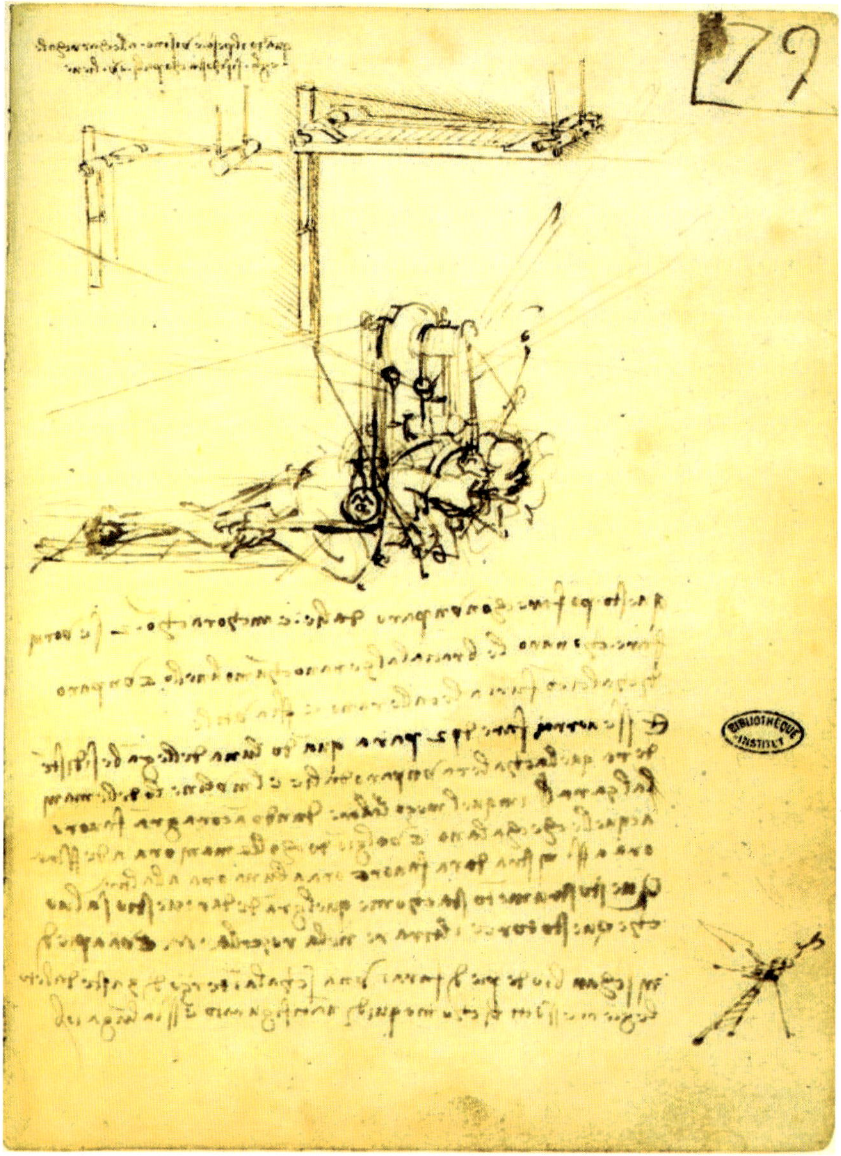

《带飞行员的扑翼飞机》
约 1487~1490 年
手稿 B,79r

对列奥纳多来说,这个观察到的现象代表了视角的根本性改变。

从这一时期开始，对列奥纳多而言,对鸟儿的模仿并不意味着机械地重建,而是在于尽量模仿鸟类利用的物理原理。由此,“扑翼”抛弃了不实用的解决方案,开始转向固定的翅膀。这个方向的思路其实早在列奥纳多的第一个米兰时期便已初露端倪。这一时期最突出的便是我们可以将其定义为过渡期的习作，即所谓的“联结者”（滑翔机），末端可以调节。当结构变得僵硬时,方便调节方向。

这类习作展示了列奥纳多航天思想的前瞻性。在1510至1515年期间的设计中，我们找到了更为合理的解释。

这时，翅膀已经被简化为一块平板，飞行员可以利用翅膀Z字形的左右摇摆向地面俯冲。列奥纳多开展的研究由此开始了逐渐简化的过程，逐步接近一个越来越高深的解决方案，从技术的角度看来如此，从概念的角度来看也是如此。对大自然的这种模仿不再局限于对事实分析的简单化结论，而是完全相反，变成了一种全新的创造，是激发创造的大自然中无可比拟的东西。人类对大自然贡献了崭新的元素，使大自然从此变得更加丰富多彩。

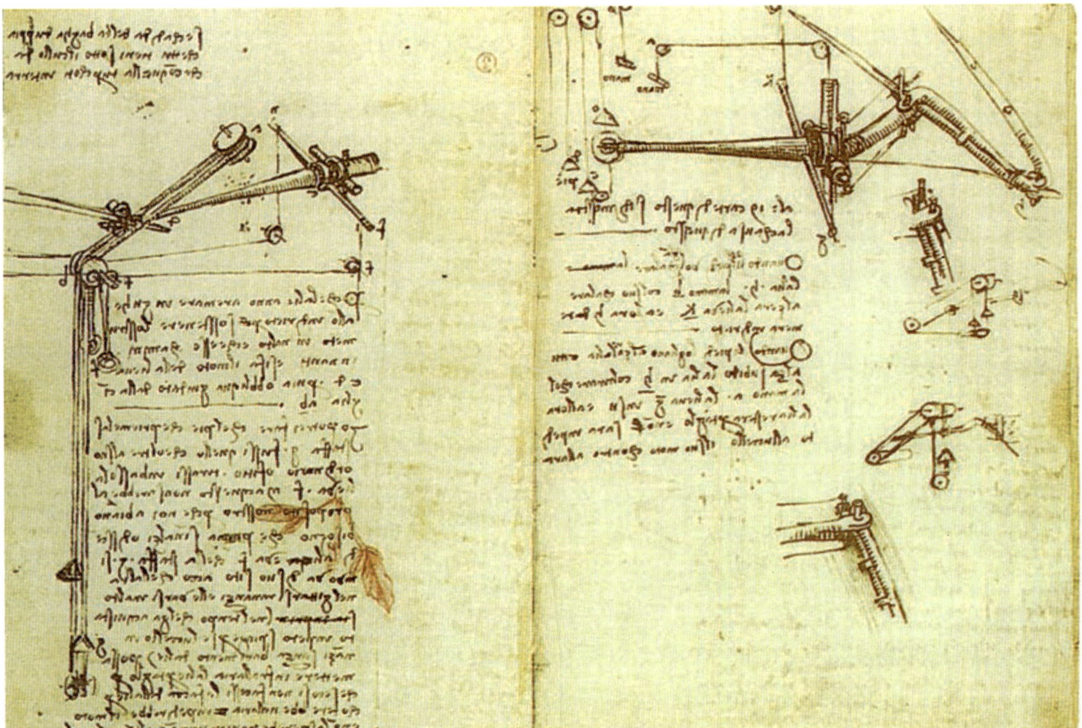

《转动翅膀的设计》

约1505年

《南瓦罗抄本》

16v–17r

其他画家作品索引

（按页码顺序排列）